Kleine Hamburger Stadtgeschichte

W0075034

Matthias Gretzschel

Hamburg
Kleine Stadtgeschichte

VERLAG FRIEDRICH PUSTET
REGENSBURG

UMSCHLAGMOTIVE
Vorderseite: Ansicht von Hamburg von der Elbseite. – Ölgemälde von Elias
Galli, um 1680. Museum für Hamburgische Geschichte (bpk/Fischer);
Rückseite: Speicherstadt (Fotolia.de/Katatonia)

**BIBLIOGRAFISCHE INFORMATION DER
DEUTSCHEN NATIONALBIBLIOTHEK**
Die Deutsche Nationalbibliothek verzeichnet diese Publikation
in der Deutschen Nationalbibliografie; detaillierte bibliografische
Angaben sind im Internet über http://dnb.d-nb.de abrufbar.

3., überarbeitete und aktualisierte Auflage 2016

ISBN 978-3-7917-2763-9
© 2008 by Verlag Friedrich Pustet, Regensburg
Reihen- / Umschlaggestaltung und Layout: Martin Veicht, Regensburg
Satz: Vollnhals Fotosatz, Neustadt a. d. Donau
Druck und Bindung: Friedrich Pustet, Regensburg
Printed in Germany 2016

Diese Publikation ist auch als eBook erhältlich:
eISBN 978-3-7917-6080-3 (epub)

Weitere Publikationen aus unserem Programm
finden Sie auf www.verlag-pustet.de
Kontakt und Bestellungen unter verlag@pustet.de

Inhalt

größert / Die Angst vor Luftangriffen wächst / Die größte Katastrophe in der Geschichte der Stadt / *Wie der Feuersturm entstand* / Mindestens 34 000 Todesopfer / Flüchtlinge aus dem Osten / Mit der S-Bahn an die Front / Die Zeit steht still

Vorwort

Es war ein unwirtlicher Ort hoch im kalten Norden, in den der Benediktinermönch Ansgar im Jahr 832 als Missionsbischof kam. Die Hammaburg, die der Stadt den Namen gab, bot kaum Schutz vor den Angriffen heidnischer Völker. Im Sommer 845, als die Wikinger Burg, Kirche und Siedlung einäscherten, wurde die Lage so ernst, dass Ansgar Hals über Kopf nach Bremen fliehen musste. Auch im 11. Jahrhundert litt Hamburg noch unter den Angriffen der Wikinger, die die Kirche 1066 wiederum zerstörten. Er wurde zwar prächtiger als zuvor wieder aufgebaut, doch angesichts der unsicheren Lage zogen es die Bischöfe vor, endgültig in Bremen zu residieren. Nur das Domkapitel blieb weiterhin an der Alster. Es sollte noch Jahrhunderte dauern, bevor sich Hamburgs Entwicklung endlich in sichereren Bahnen vollziehen konnte. Von der Lage an den Flüssen Alster und Elbe begünstigt, wurde Hamburg als Mitglied der Hanse eine reiche Handelsstadt. Die Bevölkerung wuchs und die Bürger bauten sich mit St. Petri, St. Nikolai, St. Katharinen, St. Jacobi und später auch mit St. Michaelis, dem als Michel bekannten Wahrzeichen, fünf stattliche Hauptkirchen.

Mit einer Politik, die stets auf Unabhängigkeit und die Wahrung der eigenen wirtschaftlichen Interessen bedacht war, machten die Handels- und Ratsherren ihre Stadt zum wichtigsten Hafen auf deutschem Gebiet. Die »Kleine Hamburger Stadtgeschichte« erzählt vom erstaunlichen Aufstieg der Freien und Hansestadt, berichtet aber auch von den Umbrüchen, Schicksalsschlägen und Katastrophen, die die Hansestadt im Laufe ihrer Geschichte immer wieder heimsuchten. So ging beim Großen Brand im Mai 1842 die in Jahrhunderten entstandene mittelalterliche Bausubstanz buchstäblich über Nacht im Flammen auf und im Juli 1943 entfachten die Bomber der Royal Air Force einen Feuersturm, dem große Teile der Stadt und mindestens 34 000 Menschen zum Opfer fielen.

Doch der Stadt ist es stets gelungen, die tragischen Folgen von Krisen auch als Chancen für einen Neubeginn zu nutzen. Wer heute die Silhouette mit den Türmen der Hauptkirchen und des Anfang des 20. Jahrhunderts erbauten Rathauses betrachtet, wird feststellen, dass Hamburg trotz aller Veränderungen die Erinnerung an seine lange Geschichte bewahrt hat – an eine manchmal widersprüchliche und tragische, oft aber auch glanzvolle und großartige Geschichte, von der dieses Buch erzählt.

Für die Durchsicht des Manuskripts und wertvolle Hinweise dankt der Autor Dr. Orwin Pelc, Oberkustos im Hamburgmuseum, und Prof. Rainer-Maria Weiss, Direktor des Helms-Museums und Hamburger Landesarchäologe.

Hamburg, im Herbst 2007   Matthias Gretzschel

Zur 3., komplett überarbeiteten und ergänzten Auflage

Nachdem die im Herbst 2007 erstmals erschienene »Kleine Hamburger Stadtgeschichte« bereits für die zweite Auflage 2011 überarbeitet wurde, erwies sich das vier Jahre später erneut als notwendig. Dabei ging es nicht nur um die Fortschreibung der politischen Verhältnisse, die sich bei der Bürgerschaftswahl im Februar 2015 verändert hatten. Verändert hatte sich auch der Blick auf die früheste Geschichte der Hansestadt, denn nach Auswertung der letzten Domgrabung durch das Archäologische Museum Hamburg gibt es nun Klarheit über den Ursprung der Stadt und die genaue Lokalisierung der Hammaburg. Ein großer Erfolg für Hamburg – und Anlass für ein eigenes Kapitel – ist auch die Aufnahme der Speicherstadt und des Kontorhausviertels mit dem Chilehaus in die Liste des UNESCO-Weltkulturerbes im Juli 2015. Damit ist das kleine Buch über Hamburgs große Geschichte, das in den letzten acht Jahren auch viele junge Leser gefunden hat, wieder auf dem neuesten Stand.

Hamburg, im Herbst 2015   Matthias Gretzschel

Es begann mit Ansgar:
Die Hammaburg und die Gründung der Stadt

Am 13. Juni 1909 lädt der Hamburger Senat die Honoratioren der Stadt zu einer Geschichtsstunde besonderer Art in das zwölf Jahre zuvor eingeweihte Rathaus ein. Die Festversammlung, darunter die Senatoren und Abgeordneten, vielfach in Ehren ergraute Kaufleute, deren Familien schon seit Jahrhunderten die Geschicke der Stadt bestimmten, versammeln sich im großen Festsaal und betrachten erwartungsvoll die Wände. Drei der vier riesigen Wandflächen sind im oberen Bereich mit dunkelgrünen Vorhängen verhüllt. Dahinter verbergen sich die Wandbilder, an denen der Berliner Maler Hugo Vogel (1855–1934) seit Jahren gearbeitet hatte, die aber bisher nur einem kleinen Kreis von Eingeweihten bekannt sind. Nun fallen die Vorhänge und geben den Blick auf ein Geschichtspanorama frei, das die gewaltige Fläche von 354 Quadratmetern einnimmt. Während die Anwesenden den monumentalen Zyklus bestaunen, der an der westlichen Schmalseite die Alstermündung vor der Zeit der ersten Besiedlung zeigt und als zeitgenössisches Pendant auf der Ostseite eine moderne Werft- und Hafenszene mit Schwimmdock, Helling und Überseedampfer, erklärt Bürgermeister Johann H. Burchard, dass das Gemälde keine historischen Episoden zum Inhalt habe, sondern vielmehr »große Entwicklungsphasen, wie sie das hamburgische Elbgelände im Laufe der Jahrtausende erfahren« habe.

Ein Bischof, der ins Leere segnet

Auf den beiden Schmalseiten sind keine Menschen zu sehen, dagegen zeigt die Nordseite des größten und repräsentativsten Rathaussaals drei figurenreiche Darstellungen: Links sind es Bauern und Fischer in frühgeschichtlicher Ära, rechts Men-

11

Auf diesem Wandbild (Detail) im großen Festsaal des Hamburger Rathauses, das 1909 enthüllt wurde, hat der Maler Hugo Vogel die Christianisierung des Nordens und damit den Beginn der Hamburger Stadtgeschichte dargestellt.

schen, die während der Hansezeit im Hafen ein Schiff beladen. Doch den Höhepunkt des ganzen Zyklus bildet der große Mittelteil, denn er führt zurück an den Anfang der Hamburger Geschichte. Am rechten Bildrand ist eine Gruppe heidnischer Sachsen zu erkennen, die bis zu den Knöcheln im Wasser der Elbe steht und gerade dabei ist, die Taufe zu empfangen. Am Ufer steht ein Bischof, der die Bekehrten mit ausgebreiteten Armen segnet, hinter ihm eine Gruppe von Klerikern, die ein vergoldetes Reliquiar trägt. Dass die Christianisierung nicht freiwillig geschah, legt der linke Teil des Bildes dar: Effektvoll von zwei Bäumen gerahmt, ist die ebenso herrische wie heroische Gestalt eines berittenen Gaugrafen zu sehen, der von einer Gruppe bewaffneter Reiter begleitet wird. »Durch sumpfige Ebenen sind die Eroberer vorgedrungen, dem Christentum die Bahn ebnend«, schrieb Vogel zu dieser Szene. Und er formulierte sogar einen Text, den die Rathausdiener bei Führungen dem Publikum vortragen sollten: »Das große Gemälde in der Mitte stellt das Eindringen der kaiserlichen Macht und des Christentums dar. Im Beisein der Vertreter der weltlichen Macht führt die Geistlichkeit in feierlicher Handlung das Volk zum Christentum und zur Taufe.«

Vogel hat, so kann man bei den Rathausführungen erfahren, drei Versionen dieser Szene gemalt: Auf den ersten beiden, die vom auftraggebenden Senat abgelehnt worden waren, habe ein Sachse vor dem Bischof gekniet. Da aber dieser Sachse ein früher Hamburger sei, ein Hamburger aber weder vor Bischöfen noch vor Kaisern zu knien pflege, könne sich diese Szene so nicht ereignet haben. Daraufhin habe Vogel den knienden Sachsen übermalt, so dass der Bischof heute ins Leere segnet.

Mit der historischen Wahrheit hat dieser interessante Vorgang nichts zu tun, mit dem Selbstbewusstsein des hanseatischen Bürgertums dagegen viel. Doch davon kann Anfang des 8. Jahrhunderts noch keine Rede sein, als sich da, wo sich die Flüsschen Alster und Bille vereinigen, die ersten Siedler niederlassen und ein Dorf errichten. Es sind Sachsen vom Stamm der Nordalbingier, die hier einige bescheidene Höfe bewohnen und Ackerbau auf dem Geestrücken betreiben, ihr Vieh aber in den Marschwiesen weiden lassen.

Die Zeiten sind unruhig, denn die Sachsen, die Karl der Große zwischen 772 und 804 in sein Reich eingegliedert hatte, wehren sich immer wieder mit blutigen Aufständen gegen die neuen fränkischen Herren. Im 9. Jahrhundert entsteht daher eine erste Burganlage, doch ausgerechnet über die Hammaburg, die der Stadt den Namen gab, wissen wir zurzeit nur wenig. Bis vor wenigen Jahrzehnten glaubte man, dass es sich um eine Ringwallanlage auf dem Areal des Domplatzes handelte. Das ist inzwischen widerlegt, doch was immer auch die Archäologen in den nächsten Jahren herausfinden werden, all unsere Vorstellungen von mittelalterlichen Burgen, mit steinernen Mauern, Zinnen, Zugbrücken und Wehrtürmen können wir getrost vergessen. Sicher ist: Die Hammaburg sah ganz anders und sehr viel weniger eindrucksvoll aus.

DIE ENTDECKUNG DER HAMMABURG

Ende Januar 2014 konnte Rainer-Maria Weiss, der Direktor des Archäologischen Museums Hamburg eine wissenschaftliche Sensation verkünden: Endlich waren sich Archäologen und Wissenschaftler einig, Hamburgs Keimzelle entdeckt zu haben. Die erste Hammaburg, das seit Jahrhunderten gesuchte Ur-Hamburg, stand also doch auf dem heutigen Domplatz am Speersort. »Nach jahrelanger Auswertung aller Grabungsergebnisse und nach ausgiebiger Fachdiskussion mit führenden Wissenschaftlern verschiedener Fachrichtungen kann dies jetzt als gesichert gelten«, sagte Weiss. Somit ist die 15 Monate dauernde Grabung auf dem Domplatz in den Jahren 2005/2006 zu einem späten Erfolg geworden.

Zunächst hatte Enttäuschung geherrscht, weil es weder spektakuläre Funde noch zunächst neue Erkenntnisse gab. Doch Weiss und sein Team haben im Laufe der Auswertung aller Befunde Beweise und Indizien zusammengetragen, die das Bild von Hamburgs Frühgeschichte in einem völlig neuen Licht erscheinen lassen. »Man kann durchaus sagen, dass Hamburgs Geschichte in Teilen neu geschrieben werden muss«, so Weiss.

Bisher ging man davon aus, dass die Hammaburg um 815 errichtet und die Anlage und die Siedlung mit der Ankunft des Missionars und Bischofs Ansgar im Jahre 832 entscheidend aufgewertet wurde. Jetzt ist klar: Die Hammaburg ist deutlich älter und entstand bereits im 8. Jahrhundert. Es gab mindestens seit Beginn des 9. Jahrhunderts adlige Burgherren, wohl aus dem Geschlecht der Billunger. Historisch verbürgt ist ein Burgherr namens Bernhard, der in der Hammaburg und wahrscheinlich weiterer Befestigungsanlagen nördlich und südlich der Elbe residierte, als Ansgar ankam und die Siedlung zum Bistum wurde. Als sicher gilt, dass die verkehrsgünstig an Alster, Elbe und Bille gelegene Hammaburg von Beginn an ein Handelsplatz war und von Kaufleuten bewohnt wurde.

Der frühesten Stadtgeschichte auf der Spur: In den Jahren 2005/06 nahm das Archäologische Museum Hamburg Grabungen am Domplatz vor.

Karl der Große braucht christliche Untertanen

Als der Benediktinermönch Ansgar in den Jahren 831/32 an die Elbe kommt, begibt er sich auf gefährliches Terrain. 801 in der Picardie, im Norden des heutigen Frankreichs geboren, war Ansgar schon seit seinem fünften Lebensjahr in einem Benediktinerkloster erzogen worden und wirkte später selbst als Leiter einer Klosterschule, bis er zum Missionar berufen wird. Um den heidnischen Völkern des Nordens das Christentum zu predigen, reist er 826–31 und um die Mitte des 9. Jahrhunderts nach Dänemark und Schweden. Zunächst trägt seine Arbeit Früchte: In der berühmten Wikingerstadt Haithabu und in Ribe tauft er die Menschen und gründet eine Kirche. 831 wird Ansgar zum Bischof geweiht, ein Jahr später erhebt ihn Papst Gregor IV. zum Erzbischof von Hamburg und zum päpstlichen

Legaten im Norden. Seine Aufgabe ist es, die Dänen, Schweden und Slawen zu missionieren. Ansgars Tätigkeit hat allerdings auch eine machtpolitische Seite, denn Karl der Große, dessen Reich seit Ende des 8. Jahrhunderts bis an die Eider reicht, will das Land befrieden. Und dafür braucht er christliche Untertanen.

Als Ansgar sich um 831 in Hamburg niederlässt, scheint ihm dies ein günstiger Ausgangspunkt nicht nur für die Bekehrung der hier lebenden Sachsen und Slawen, sondern auch für weitere Missionsversuche in Dänemark und Schweden zu sein. Im Mittelalter setzten die Missionare freilich nicht nur auf persönliche Überzeugung und Glaubensgewissheit, sondern ebenso auf militärische Macht. Karl der Große hat immerhin verfügt, dass jeder, der den heidnischen Göttern nicht abschwören würde, hinzurichten sei. Vor allem deshalb erweisen sich Massenbekehrungen oft als nicht besonders nachhaltig. Den Wikingern erscheint die christliche Lehre häufig recht unverständlich. Im Zweifel vertrauen sie dann doch lieber ihren bewährten Göttern, Odin und dem Donnergott Thor, als dem unsichtbaren Christengott, der es unbegreiflicherweise hatte geschehen lassen, dass sein einziger Sohn von Feinden ans Kreuz geschlagen wurde.

DER ERSTE MARIENDOM – EIN BESCHEIDENER BAU

Ernst, würdig und ein wenig vergeistigt, mit dem Bischofsstab in der rechten und dem Turm des Mariendoms in der linken Hand, so haben die Bildhauer aus der berühmten Lübecker Werkstatt des Bernt Notke Ansgar um 1480, also sechs Jahrhunderte nach seinem Tod, dargestellt. Die Eichenholzstatue, die sich heute in der Hauptkirche St. Petri befindet, gehörte ursprünglich zur Ausstattung des Hamburger Mariendoms, der Anfang des 19. Jahrhunderts abgerissen wurde. Schon Ansgar hatte seine Bischofskirche der Mutter Maria geweiht. Könnten wir sie heute besichtigen, wären wir sicher enttäuscht, denn natürlich war sie kein stolzes, sondern nach heutigen Maßstäben ein sehr schlichtes Gebäude. Aus Baumstämmen errichtet, stand sie innerhalb der Umfriedung eines Burgwalls ungefähr auf dem Standort des heutigen Pressehauses.

Überfälle heidnischer Völker

Der Angriff kommt völlig überraschend: Im Sommer 845 fallen dänische Wikinger über die Hammaburg und die benachbarte Siedlung her. Die Übermacht ist erdrückend, eine Verteidigung scheint aussichtslos. Ansgar kann nur noch die kostbaren Reliquien aus dem Mariendom retten und Hals über Kopf fliehen. In der von dem Bremer Bischof Rimbert verfassten Ansgar-Biografie heißt es: »Seine Geistlichen zerstreuten sich nach allen Seiten, er selbst entrann ohne Kutte nur mit größter Mühe«. Ansgar flieht in das Dorf Ramelsloh, um daraufhin in das vergleichsweise sichere Bremen zu gehen, wo er zum Erzbischof der nunmehr zusammengelegten Hamburger und Bremer Bistümer geweiht wird.

Die Wikinger haben Hamburg fast völlig zerstört. Bereits wenige Jahre später bevölkert sich die Siedlung jedoch von neuem. Um das Jahr 850 leben hier etwa 200 Menschen. 858 hält das Christentum erneut Einzug in Hamburg: Ansgar lässt nochmals einen hölzernen Mariendom errichten. Die Bedrohung durch heidnische Völker hält allerdings auch im 10. Jahrhundert noch an. Im Jahr 953 machte der deutsche König Otto I. den sächsischen Adligen Hermann Billung zum Markgrafen. 13 Jahre später bekommt der neue starke Mann, der für den Schutz der Grenze an der Elbe die Verantwortung trägt, Hamburg als Residenz zugewiesen. Neben den Erzbischöfen gibt es mit den Billunger Grafen in der Stadt nun auch weltliche Herrscher.

983 erheben sich die slawischen Abodriten unter ihrem Fürsten Mistui und zerstören Hamburg. Anschließend beginnt man am östlichen Rand des Dombezirks eine große Befestigungsanlage zu errichten, die als »Heidenwall« bezeichnet wird und gegen Slawenüberfälle schützen soll. Die Entwicklung des Domstiftes und der Siedlung können aber auch die großen Überfälle von 1066 und 1072 nicht mehr aufhalten.

Hamburg als Höchststrafe: Ein Papst in Verbannung

Im Heiligen Römischen Reich gibt es gewiss Städte, in denen es sich angenehmer leben lässt als im unwirtlichen, kalten und nassen Hamburg. Zumindest aus römischer Perspektive dürfte die Stadt im Norden als Wohnort ein Albtraum gewesen sein. Für Papst Benedikt V. jedenfalls ist Hamburg die Höchststrafe: Der Papst, der von Otto I. abgesetzt wird, weil er dem Kaiser nicht genehm ist und nicht in seine machtpolitischen Pläne passt, wird der Aufsicht des Hamburger Erzbischofs Adaldag unterstellt und muss mit ihm nach Hamburg gehen. Lange hält der an angenehmere Temperaturen gewöhnte Römer das nicht aus. Er stirbt am 4. Juli 966 und wird im Mariendom beigesetzt. Allerdings überführt man seine sterblichen Überreste 999 nach Rom. Sein Kenotaph aus dem 13. Jahrhundert befand sich bis Ende des 18. Jahrhunderts im Dom. Dann wurde es bei Baumaßnahmen abgerissen und in den Bauschutt unter dem Fundament geworfen. Nur einige Reste wurden bei Ausgrabungen gefunden.

Da man die Häuser bis ins frühe 11. Jahrhundert ausschließlich aus Holz baut, werden sie bei den Überfällen immer wieder Opfer der Flammen. Das änderte sich erst, nachdem Bezelin Alebrand 1035 in Bremen zum Erzbischof geweiht wurde. Er ergreift die Initiative und ersetzt den hölzernen Hamburger Dom durch ein Gebäude aus Stein, von dem bei Ausgrabungen Reste gefunden wurden. 1962 entdeckt man nördlich des vermuteten Standortes der Hammaburg am Speersort die Fundamente eines Rundturms mit angeschlossenem Brunnenhaus. Dabei könnte es sich um Überbleibsel eines von Bischof Bezelin im 11. Jahrhundert errichteten wehrhaften Gebäudes handeln. Die Fundamente wurden gesichert und im »Schauraum Bischofsturm« (Speersort 10) der Öffentlichkeit dauerhaft zugänglich gemacht.

Graf Bernhard II. Billung, Hamburgs weltlicher Herrscher, will nicht nachstehen. Auch er lässt sich einen von dicken Mauern geschützten Wohnturm errichten. Sein Nachfolger Ordulf baut schließlich 1061 am Alsterufer die Neue Burg.

Mit diesen Bauwerken ist Hamburg nun den angreifenden Stämmen nicht mehr so schutzlos ausgeliefert wie zuvor, doch

Diese Fayence-Fliese ist ein Fragment des Kenotaphs, der im späten 13. Jahrhundert für Papst Benedikt V. im Hamburger Dom aufgestellt wurde. – Bemalte, glasierte Terracotta, letztes Viertel 13. Jahrhundert.

der Burgenbau im 11. Jahrhundert ist zugleich Ausdruck einer heftigen Rivalität zwischen geistlichen und weltlichen Herrschern.

Nachdem 1111 die Herrschaft der Billunger beendet ist, setzt Sachsenherzog Lothar von Supplinburg die Schauenburger als Landesherren in Holstein, Wagrien und Stormarn ein. Die neuen Machthaber locken Kaufleute an, die vom Grundzins befreit werden, sodass ihre Geschäfte bald florieren. An der Alsterschleife entsteht ein völlig neues Siedlungsgebiet, aber auch auf dem heutigen Rathausmarkt und der Bergstraße werden nun Häuser gebaut.

Privilegien – aber leider nichts Schriftliches

Adolf III., Graf von Schauenburg und Holstein (1164–1225), versteht es vorzüglich, Hamburger Interessen durchzusetzen. Als er 1189 mit einem Kreuzfahrerheer Richtung Heiliges Land unterwegs ist, gelingt es ihm, eine Audienz bei Friedrich I. Barbarossa zu erhalten. Der Kaiser zeigt sich von den Ambitionen des Grafen beeindruckt und verspricht ihm einen Freibrief für Hamburg, in dem wichtige Privilegien erteilt werden. Das betrifft die freie Schifffahrt bis zur Elbmündung, das Recht auf freien Warenverkehr in der gesamten Grafschaft Holstein, freien Fischfang auf der Elbe sowie Weide- und Holzeinschlagsrechte in der Umgebung der Stadt. Nicht zu verachten ist auch die Befreiung der Bürger vom Kriegsdienst und die Zusicherung, dass im Umkreis von zwei Meilen keine Burgen mehr gebaut werden dürfen.

Der Freibrief ist ein enormer diplomatischer Erfolg, hat aber einen erheblichen Schönheitsfehler: Adolf III. bekommt nichts Schriftliches in die Hand. Vier Tage nach dem für Hamburg so erfreulich verlaufenen Gespräch setzt Barbarossa seine Reise nämlich fort und ertrinkt am 10. Juni 1190 in Anatolien in dem Fluss Saleph.

Vorerst reichen Graf Adolf jedoch die mündlichen Zusicherungen. Die Schauenburger schaffen es einige Jahrzehnte später sogar, alleinige Stadtherren von Hamburg zu werden: 1228 tritt der Bremer Erzbischof Gerhard II. seine Rechte als Stadtherr in der Altstadt an den Schauenburger Graf Adolf IV. ab. Altstadt und Neustadt wachsen nun immer stärker zusammen und werden gemeinsam verwaltet.

Eine Heilige greift ein

Doch die Weichen für Hamburgs Aufschwung sind bereits ein Jahr zuvor gestellt worden, etwa 80 Kilometer nördlich der Stadt auf den Wiesen und Fluren des Dörfchen Bornhöved, das sich in der Nähe von Bad Segeberg befindet:

Die hübsche Dorfkirche, in der noch heute Gottesdienste gefeiert werden, stand schon an jenem schicksalhaften 22. Juli des Jahres 1227. Für Adolf IV. von Schauenburg und Holstein (1225–1238) sieht es nicht gut aus. Scheinen doch die Soldaten des mächtigen Dänenkönigs Waldemar II. dem von ihm befehligten Heer norddeutscher Fürsten weit überlegen zu sein. So wie die Dinge stehen, werden die Dänen wohl siegen und

Ein Fürst auf den Knien: Adolf IV. von Schauenburg und Holstein während der Schlacht bei Bornhöved (1227) in einer Darstellung des 19. Jahrhunderts.

damit ihre Vorherrschaft über Holstein und Hamburg sichern können. Der Schauenburger Graf glaubt kaum noch daran, diese für ihn verhängnisvolle Entwicklung abwenden zu können, denn von wem sollte er jetzt noch Hilfe erwarten?

In seiner Verzweiflung springt er vom Pferd, kniet nieder und ruft Maria Magdalena an, die Schutzheilige dieses Tages. Wenn sie ihm zum Sieg verhülfe, wollte er zu ihrem Lob ein Kloster gründen. Und nicht nur das: Er selbst werde dann seine Rüstung gegen die Kutte tauschen und Mönch werden. »Ick will mi aller menschlichen Dinge entschlahn un to dinen Dienst mi selbst gewen un in een Kloster gahn«, soll er gesagt haben – und das ist auch alles, was er jetzt noch zu bieten hat.

Doch nun geschieht das Wunder: Am weiten holsteinischen Himmel erscheint die Heilige höchst selbst und lenkt mit ihrer Schürze die Strahlen der Sonne, die bis dahin die Holsteiner geblendet hat, gegen das Dänenheer. Von der wundersamen Himmelserscheinung ermuntert, ziehen Adolf und seine Mannen mit neuem Mut und frischer Kraft in den Kampf und können tatsächlich Waldemars Heer besiegen, in die Flucht schlagen und den Einfluss auf Hamburg beenden.

So berichtet es jedenfalls eine seit Jahrhunderten überlieferte Geschichte, die die Fantasie immer wieder aufs Neue beflügelt, in mittelalterlichen Legenden ausgeschmückt und von den Historienmalern des 19. Jahrhunderts gern dargestellt wurde. Wie immer auch die Sonne an diesem Tag gestanden haben mag, in Wahrheit dürfte der für Adolf so günstige Ausgang der Schlacht durch die Dithmarscher entschieden worden sein. Das Heer der eigenwilligen Bauern, das ursprünglich die Nachhut der Dänen bildete, hatte nämlich während des Kampfgeschehens die Fronten gewechselt und war den einstigen Verbündeten in den Rücken gefallen – für Adolf eine irdische, aber höchst wirksame Hilfe.

Dennoch ist die Legende um das Gelübde nicht von der Hand zu weisen, denn sie erzählt uns viel über mittelalterliches Denken und mittelalterliche Frömmigkeit. Von Heiligen, als Mittler zwischen Gott und Mensch, denen man sich persönlich anvertraute, erwartete man ganz konkrete Hilfe. Wie stark sich mittelalterliche Menschen den von ihnen angerufen Heiligen persönlich verpflichtet fühlten, belegt die Bedeutung des Gelübdes. Noch Martin Luther hatte 1505 während eines Gewitters in Todesangst gegenüber der heiligen Anna ein Mönchsgelübde abgelegt – und sich selbstverständlich daran gehalten. Der Schauenburger Graf Adolf handelte offenbar ebenso konsequent: 1227 stiftet er Hamburg ein Franziskanerkloster, das erste Kloster der Stadt, dem später noch zahlreiche Klöster- und Kirchengründungen folgen sollten. Das Marien-Magdalenen-Kloster, das im Rahmen einer Stiftung bis heute besteht, befand sich ziemlich genau dort, wo jetzt das Gebäude der Handelskammer steht. Für die Erfüllung des persönlichen Teils des Gelübdes lässt sich Adolf allerdings noch ein paar Jahre Zeit. Erst 1239 – nach der Rückkehr von einer Pilgerreise nach Livland – tritt er als Laienbruder in das Marien-Magdalenen-Kloster ein. Insgesamt 22 Jahre lebte der Graf als Franziskanermönch, bevor er am 8. Juli 1261 in Kiel stirbt.

Altstadt und Neustadt

Anfang des 13. Jahrhunderts ist die Altstadt schon relativ dicht besiedelt, auch in der sich östlich anschließenden Neustadt entwickelt sich eine Siedlung, während auf den durch Wasserläufe getrennten Inseln Cremon und Grimm nur wenige Häuser stehen. Dort und auch in der Neustadt wird Ackerbau betrieben, auf dem Brook und in der unmittelbaren Nachbarschaft der Stadt gibt es Weideflächen. Aber die landwirtschaftliche Beschaulichkeit hat keine Zukunft, immer mehr bestimmen Handwerker und Händler die Entwicklung der Stadt.

Schon 1216 schließt sich die bischöfliche Altstadt mit der gräflichen Neustadt endgültig zusammen, 1230 wird an der Ecke Kleine Johannisstraße/Dornbusch Hamburgs erstes Rathaus erbaut. Es ist ein schlichter Ziegelbau mit vorgelagerter Laube. Recht gesprochen wird hier nicht, denn die Gerichtsbarkeit untersteht dem Schauenburger Grafen, an den der Bremer Erzbischof 1228 seine stadtherrlichen Rechte abgetreten hat. Gericht hält ein vom Grafen eingesetzter Vogt, dem auch die Münzprägung, der Zoll und die Aufsicht über die Mühle am Burstah anvertraut sind. Von der stolzen Bürgerstadt ist damals noch nichts zu ahnen. Der Rat, der aus 30 Kaufleuten und Grundeigentümern gewählt wird, hat nicht viel zu sagen. Jeweils am 22. Februar treffen sich die Ratsherren, um aus ihren Reihen den »sitzenden Rat« zu wählen, der sich um die Verwaltung des Gemeinwesens zu kümmern hat. Wichtigste Aufgabe ist die Überwachung der Märkte. Diese erlangen nun immer größere Bedeutung, denn Hamburg liegt nicht nur zentral, sondern verfügt mit seinem Hafen über einen Umschlagplatz, der für den Ost-West-Handel immer größere Bedeutung erlangt. Die Schiffe, die hier vor Anker gehen, nehmen Getreide und Metalle an Bord. Aus Utrecht, Brügge oder Gent werden Leinwand, Schmalz und Heringe geliefert. Mit dem Handel kommt Geld in die Kassen. Die Neustadt verfünffacht ihre bebaute Fläche, 1230 wird eine Stadtbefestigung aus Ziegeln errichtet und drei Jahre später beginnt man einen neuen Wirtschaftszweig aufzubauen, der in den folgenden Jahrhunderten enorme Bedeutung erlangen wird: das Brauen von Bier.

Immer mehr Menschen siedeln sich an. Da sie mit Brot versorgt werden müssen, die Mühle am Burstah den Bedarf an Mehl kaum noch decken kann, lässt Adolf IV. um 1235 eine zweite Mühle, die Neue oder Obermühle, bauen. Schließlich wird

Mehl auch immer mehr zum wichtigen Exportgut. Der dafür notwendige Damm, den man nach dem Müller Heyne Reese Reesendamm nennt, staut den Alsterfluss zu einem See an – eine Baumaßnahme, die das Gesicht Hamburgs bis heute prägt.

Hospitäler als Zuflucht für Kranke, Arme und Reisende

Ende des 13. Jahrhunderts leben 5000 Menschen in der Stadt, deren Handelsbeziehungen inzwischen bis nach England reichen. Dennoch ist das Leben der meisten Menschen von großer Armut geprägt. Die Wohnverhältnisse in den engen Fachwerkhäusern sind schlecht, die hygienischen Zustände führen immer wieder zu Krankheiten und Seuchen. Die Kranken-, Alten- und Armenpflege übernahmen zu dieser Zeit Hospitäler. Im Westen der Stadt vor dem ersten Millerntor, das damals wahrscheinlich auf dem Burstah in Höhe des Deichstraßenfleets lag, entsteht das Hospital zum Heiligen Geist. Wann genau es eröffnet wird, ist nicht überliefert, die erste urkundliche Erwähnung stammt aus dem Jahr 1247. Da es in diesem Dokument um den Erwerb von Grundeigentum geht, muss das Hospital, das damals schon über beträchtliche finanzielle Mittel verfügt, bereits einige Zeit früher gegründet worden sein. Wahrscheinlich waren es die Bürger der Neustadt, die mit diesem Hospital eine Institution ins Leben rufen, die für das städtische Leben unverzichtbar war.

Wanderer, die aus westlicher Richtung nach Hamburg kommen, können das direkt vor dem Stadttor gelegene Hospital gut erreichen und hier auch zeitweilig Obdach finden. Denn die Beherbergung von Durchreisenden und Pilgern gehört mit zu den Aufgaben des Hospitals. Aber auch die Zisterzienserinnen des 1247 gegründeten Klosters Herwardeshude kümmern sich aufopferungsvoll um die Armen und Kranken der Stadt. Spätestens seit 1250 gibt es in Hamburg eine öffentliche Badestube – eine Einrichtung, die nicht nur dem persönlichen Wohlbefinden der Bürger dient, sondern auch für die hygienische Prävention von Seuchen und Krankheiten von nicht zu unterschätzender Bedeutung ist.

Das Hospital zum Heiligen Geist auf dem Rödingsmarkt auf einem Aquarell von 1880. Der Gebäudekomplex war Anfang des 19. Jahrhunderts anstelle des mittelalterlichen Hospitals errichtet und 1833 fertig gestellt worden. Im Hintergrund links ist der Turm der Nikolaikirche zu sehen.

Handwerk und Handel blühen

Die Bedeutung, die die Handwerkszünfte für die Handelsstadt gewonnen haben, zeigt sich Mitte des 13. Jahrhunderts an der Benennung der Straßen im Kirchspiel St. Petri. Dort gibt es u. a. die Kleine und die Große Bäckerstraße, die Schmiedestraße und die Knochenhauerstraße. Das Kirchspiel St. Petri erstreckt sich über die Altstadt. Kirchspiele sind zu dieser Zeit zugleich Stadtteile und Verwaltungsbezirke. St. Nikolai umfasst die Neustadt, St. Katharinen die Inseln Cremon und Grimm und St. Jacobi die östlich der Altstadt gelegenen damals noch dünn besiedelten Bereiche.

Mitte des 13. Jahrhunderts herrscht zwar Friede, sodass Handwerk und Handel blühen können und die Stadt immer stärker wächst, aber Konflikte bleiben dennoch nicht aus: Am 29. September 1259 entschließt sich der Bremer Erzbischof

Hildebold zu einem Schritt, den der Hamburger Rat nur als Provokation empfinden konnten: Per Dekret ordnet er an, dass die Handelsschiffe, die elbaufwärts unterwegs sind, in Stade nicht nur den ohnehin üblichen Elbzoll entrichten, sondern außerdem drei Tiden lang dort ausharren mussten. Drei Tiden, das bedeutete 36 Stunden oder anderthalb Tage. Um nicht unnötig Zeit und Geld zu verlieren, sehen sich die meisten Händler gezwungen, auf die Weiterfahrt nach Hamburg zu verzichten und ihre Ware eben gleich in Stade zu verkaufen. Im Grunde geht es dem Bremer Kirchenfürsten aber gar nicht ums Geld, denn vom Elbzoll profitierte er ja ohnehin, sondern vielmehr darum, mit wirtschaftlicher Erpressung seine Rechte auf die Hamburger Altstadt zu erhärten.

Mit einer Urkundenfälschung zum Ziel

Für Hamburg ist in dieser Situation guter Rat buchstäblich teuer. Zu ärgerlich, dass Kaiser Barbarossa nicht mehr dazu gekommen ist, die Hamburg mündlich erteilten Privilegien noch schriftlich niederzulegen. Jetzt muss gehandelt werden, denn wenn es um das Sein oder Nichtsein als Hafen- und Handelsstadt geht, sind die Ratsherren nicht nur bereit, viel Geld auszugeben, sondern entschließen sich auch zu einer unkonventionellen Maßnahme: Für den gewaltigen Betrag von 10 400 Mark — was der heutigen Kaufkraft von fast zwei Millionen Euro entsprechen würde — beschaffen sich die Ratsherren einen kaiserlichen Freibrief, der auf 1189 datiert und von Kaiser Barbarossa ausgefertigt ist. Die Hamburger Honoratioren unternehmen zahlreiche Dienstreisen und verpflichten einen vorzüglichen Kalligraphen. Das beeindruckende Siegel kaufen sie vermutlich einem früheren Schreiber von Kaiser Friedrich II. ab, der auf diese Weise seine Einkünfte erheblich erhöhen kann. Obwohl das Siegel nicht recht zum Ausstellungsdatum passt, ist das Ergebnis eine ziemlich perfekte Fälschung, und die damit verbundene Lüge hat so lange Beine, dass sich Hamburg bis heute auf diesen unechten Freibrief, der übrigens sorgsam im Staatsarchiv der Freien und Hansestadt aufbewahrt wird, beruft und den jährlich mit großen Aufwand gefeierten Hafengeburtstag darauf zurückführt.

Ein selbst gefälschtes Dokument lässt natürlich keine Wünsche offen: So begnügen sich die Hamburger nicht mit den üblichen Handelsprivilegien, sondern nehmen sich darüber hinaus das sehr umfassende Recht auf eine freie Elbschifffahrt. So sollen Hamburger Schiffe sowohl fremde als auch eigene Ladung und Menschen zollfrei zwischen Meer und Elbe befördern dürfen – ein enormer Vorteil. 1266 bestätigt der kaiserliche Legat den Freibrief, und als ihn dann der Magdeburger Erzbischof ebenfalls beglaubigt und den Inhalt als neues Dokument ausfertigt, ist aus der Fälschung endgültig ein rechtsverbindliches Schreiben geworden. Im September 1266 treffen sich die Hamburger mit dem Bremer Erzbischof Hildebold zu einem Schiedstermin. Der Kirchenfürst wird nicht schlecht gestaunt haben, als die Hamburger ihren Freibrief vorlegen und die Herzöge von Braunschweig und Lüneburg damit sichtlich beeindrucken. Der Schiedsspruch geht jedenfalls zugunsten von Hamburg aus, und spätestens jetzt wissen die Ratsherren, dass das viele Geld gut angelegt ist.

Pfeffersäcke und Freibeuter:
Die Hansestadt im Mittelalter

Mit Beharrlichkeit und diplomatischem Geschick gelingt es den Hamburgern, neue Märkte zu erschließen und die Handelswege dank umfangreicher Verträge und Abmachungen mit auswärtigen Mächten dauerhaft zu sichern. Aber Reichtum schafft Begehrlichkeit, so fehlt es nicht an Wegelagerern, die es auf die Waren abgesehen haben. Kein Wunder, dass die Kaufleute im 13. Jahrhundert dazu übergehen, ihre Warenlieferungen nicht mehr selbst zu begleiten. Ein erfolgreicher Hamburger Kaufmann wie der aus Salzwedel eingewanderte Winand Miles betreibt seine Geschäfte vom Schreibpult aus. Miles, der auch Ratsherr ist, handelt mit Getreide und Holz aus der Mark und feinen Tuchen aus Flandern und hat dabei eine so glückliche Hand, dass die Forderungen, die er bei seinen Schuldnern geltend machen kann, zu seinem Tod im Jahr 1301 etwa 3350 Mark hamburgische Silberpfennige betragen – ein für die damalige Zeit enormer Betrag. Verzeichnet werden Verbindlichkeiten und Guthaben im Schuldenbuch, das der Hamburger Ratsnotar mit großer Gewissenhaftigkeit führt.

Rente statt Zinsen

Da Geldgeschäfte im Mittelalter etwas Anrüchiges haben – schließlich predigt die Kirche das biblische Wucherverbot –, ist es nicht leicht, Kredite aufzunehmen. Für Hamburg gilt das in besonderem Maße, da es hier keine Juden gibt, die als Geldverleiher auftreten. Dafür gibt es seit Anfang des 14. Jahrhunderts den Rentenmarkt. Wer Geld benötigt, kann in Hamburg Kredite zum festgelegten Zinssatz von $6\frac{2}{3}$ Prozent aufnehmen. Allerdings muss der Kreditnehmer über ein bebautes Grundstück verfügen, das dann beliehen wird und im Bedarfsfall gepfändet werden kann. Faktisch zahlt der Schuldner zwar durchaus Zinsen, aber sie heißen anders, nämlich Rente. Damit ist dem kirchlichen Verbot Genüge getan und die Geldwirtschaft funktioniert trotzdem.

Da die Hamburger Bevölkerung im 13. Jahrhundert stark anwächst, entstehen mit St. Petri, St. Nikolai, St. Katharinen und St. Jacobi vier von den Bürgern finanzierte Kirchenbauten, deren Bedeutung gegenüber dem Dom immer mehr zunimmt. Mit Ausnahme von St. Katharinen sind es dreischiffige Hallen aus Backstein, in denen damals noch keine Bänke stehen. In diesen Kirchen geht es keineswegs still, andächtig und »sakral« zu, sondern lebhaft und laut, denn hier spielt sich städtisches Leben ab. Den ganzen Tag über lesen Priester vor den vielen Seitenaltären Messen, man betreibt schwunghaften Handel mit Ablässen, trifft sich, bespricht sich und vereinbart Geschäfte. Pilger schlafen im Stroh, Kinder spielen und lärmen. Damals müssen die Kirchen einer Stadt so groß sein, dass alle Bewohner darin Platz finden. Neben den vier großen gotischen Hauptkirchen gibt es im mittelalterlichen Hamburg noch zwei Spitalkirchen sowie das Franziskanerkloster Maria Magdalenen, das Dominikanerkloster St. Johannis und das Frauenkloster in Harvestehude, die sämtlich über eigene Kirchen verfügen. Auf dem Gelände eines früheren Pestfriedhofs ist im Jahr 1391 außerdem die St.-Gertrud-Kapelle erbaut worden, die sich als Zentralbau stark von den anderen Hamburger Kirchen unterscheidet.

Die Alster wird zum See gestaut

Da die Alster durch die Elbe gezeitenabhängig ist und sich der Wasserstand fortwährend ändert, kommt es immer wieder zu Überschwemmungen des Alstertals, was für Hamburg eine ständige Gefahr bedeutet. Bereits Ende des 12. Jahrhunderts hat Adolf III. von Holstein den Niederdamm errichten lassen. Dieser erste Staudamm wird an einer seichten Stelle im Bereich der Mühlenbrücke erbaut. Der Bau von Staudämmen dient allerdings nicht nur dem Schutz vor Hochwasser, sondern sorgt auch für den notwendigen Druck, der für den Betrieb von

Wassermühlen gebraucht wird. Man kann sich heute kaum vorstellen, welche Rolle Mühlen für das Leben in vorindustrieller Zeit gespielt haben. Die größte Bedeutung haben natürlich Kornmühlen, weil sie das als Lebensmittel unersetzliche Mehl produzieren. Schon im Mittelalter gibt es aber auch Öl- und Papiermühlen sowie Kupferhämmer und Sägewerke, die gleichfalls mit Wasserkraft betrieben werden.

Je mehr man sich das Wasser als Energiequelle zunutze macht, desto stärker werden auch die Eingriffe in den natürlichen Lauf der Flüsse. Da der Niederdamm für den Mühlenbetrieb bald nicht mehr ausreicht, wird die Alster Mitte des 13. Jahrhunderts mit dem bereits erwähnten Reesendamm zum zweiten Mal angestaut. Ungefähr dort, wo sich heute die Reesendammbrücke befindet, wird 1245 die Obermühle gebaut. Nun gibt es die Kleine Alster zwischen den beiden Dämmen und die Große Alster, die sich vom Oberdamm weiter nach Norden ausdehnt. Für den Mühlenbetrieb ist das günstig, aber der künstliche See bringt auch Probleme mit sich. Wenn sich der Wasserstand nach der Schneeschmelze im Frühjahr erhöht, werden die Wiesen und Felder angrenzender Ländereien bis hinauf nach Eppendorf und Winterhude überflutet. Und das gibt Ärger, denn wenn die Grundstücke des Domkapitels unter Wasser stehen, protestieren die geistlichen Herren so lange, bis die Holsteiner Grafen sich bereit erklären, für den angerichteten Schaden aufzukommen.

Da Hamburg aus allen Nähten platzt und dringend erweitert werden muss, übertragen die Holsteiner Grafen 1246 der Stadt den Bereich zwischen dem Mönkedamm und dem Alsterfleet. Einige Jahre später kommen noch weitere Gebiete hinzu, sodass das Hamburger Stadtrecht nach und nach für das Gebiet von der Alstermündung bis zum nördlichen Ende der Großen Alster gilt.

Schon längst ist die Alster damals zu Hamburgs Lebensader geworden. Nicht nur, weil sie der ständig wachsenden Stadt das Trinkwasser liefert und die Mühlen antreibt, sondern auch wegen des Binnenhafens, der im Südwesten der Stadt entstanden ist. Außerdem bietet der Fluss nach Norden und Westen hin wirksamen Schutz gegen Feinde, der durch die künstlich angelegten Stadtgräben, die ebenfalls mit dem Wasser der Alster geflutet werden, noch erhöht wird. Angesichts dieser Bedeutung ist der Stadt natürlich sehr daran gelegen, möglichst den gesamten Flusslauf unter Kontrolle zu bekommen. Für die Hamburger Stadtherren steht das im ersten Jahrzehnt des 14. Jahrhunderts ganz oben auf ihrer Prioritätenliste.

»Zielbewusste Gebietserweiterungsstaatskunst«

Um dieses Ziel zu erreichen, muss jahrelang mit dem Holsteiner Grafen verhandelt werden. Dass Hamburg dabei gar keine schlechten Karten hat, liegt aber nicht nur am diplomatischen Geschick seiner Ratsherren, sondern ebenso an dem gesellschaftlichen Wandel, der sich damals gerade vollzieht: Das früher so mächtige Rittertum gerät immer mehr ins Abseits. Die Städte, die ihre Bedeutung dem Handel, dem Manufakturwesen und der Geldwirtschaft verdanken, werden dagegen immer mächtiger. Hier erwirtschaftet man das Kapital, mit dem sich eine immer größere Auswahl von Luxusgütern, die oft von weither transportiert werden, kaufen lässt. Aber auch Großgrundbesitz ist käuflich, vor allem, wenn dessen adlige Eigentümer von Geldsorgen geplagt werden.

Von 1306 bis 1310 handelt Hamburg den Holsteinischen Grafen den Alseroberlauf ab. Die Verhandlungen sind kompliziert und nicht ohne Risiko, da die Schauenburger ein jahrzehntelanges und daher schwer kalkulierbares Wiedereinlösungsrecht für sich und ihre Erben ausbedungen haben. Erst 1365, als alle diese Vorbehaltsklauseln abgelaufen sind, verfügt die Stadt über die vollen Eigentums- und Hoheitsrechte. »Zielbewusste Gebietserweiterungsstaatskunst« nennt Wilhelm Melhop in seinem 1932 erschienenen Standardwerk »Die Alster« diesen für Hamburgs Entwicklung so folgenreichen Vorgang. Insgesamt zahlt die Stadt dafür 1050 Mark. Das klingt nach einem Schnäppchen, aber dieser Eindruck täuscht. Welchen enormen Wert ein solcher Betrag damals hat, belegt der Vergleich mit den vier großen Dörfern Fuhlsbüttel, Langenhorn, Eimsbüttel und Eppendorf, die zwischen

1283 und 1343 für insgesamt 984 Mark von Hamburg aufge-
kauft werden.

Die Hamburger besitzen zwar nun einen Fluss, doch für
die Schifffahrt ist er kaum geeignet. Dabei wissen die Ratsherren sehr genau, welche enormen Vorteile sich für den Handel
ergeben würden, wenn man die Waren zwischen Hamburg
und Lübeck anstatt mit Pferdewagen auf holprigen und unsicheren Wegen künftig per Schiff transportieren könnte. Nur
Lübeck liegt leider nicht an der Alster, sondern an der Trave,
also müsste ein Kanal gebaut werden. Mit einer solchen Verbindung auf dem Wasserweg hätte man einen schnellen und
sicheren Transportweg zwischen Nord- und Ostsee geschaffen.
Ist so ein enormes Verkehrsinfrastrukturprojekt im Mittelalter
überhaupt realistisch oder sind die Hamburger ihrer Zeit hier
weit voraus? Das Vorhaben erscheint damals zwar gewagt, aber
durchführbar, denn ein ähnliches Projekt war in den Jahren
1391–98 mit dem Stecknitz-Kanal bereits erfolgreich verwirklicht worden. Die etwa 9,5 Kilometer lange künstliche Wasser-
straße verbindet die Stecknitz mit der Delvenau und macht es
möglich, Güter zwischen Lüneburg und Lübeck zu transportieren. Das ist vor allem für die Salztransporte wichtig, denen
Lüneburg seinen enormen Reichtum verdankt.

Ein großes Projekt, das seiner Zeit voraus ist

Nachdem Fachleute die Realisierbarkeit einer Alster-Trave-
Verbindung bestätigen, schließt Hamburg 1448 mit Herzog
Adolf VIII. von Schleswig-Holstein, Stormarn und Schauen-
burg einen Vertrag über die Erbauung eines künstlichen Was-
serwegs. Danach soll die Alster – im Verlauf der heutigen Alten
Alster – ungefähr auf der Höhe von Nienwohld durch einen
Graben verlängert werden, der sich nordöstlich von Süllfeld
mit der Beste verbindet, die bei Oldesloe in die Trave mündet.

Die Vereinbarung mit dem schleswig-holsteinischen Landesherrn ist notwendig, weil das Projekt in wesentlichen Teilen außerhalb des Hamburger Gebiets verwirklicht werden
muss. Man einigt sich schließlich darauf, alle Kosten und Las-

ten gemeinsam zu tragen. In den Verhandlungen werden auch Zollfragen einvernehmlich geregelt. Seltsamerweise ist die Stadt Lübeck, die aus dem Kanal erheblichen Nutzen ziehen würde, an den Verhandlungen gar nicht beteiligt. Allerdings erklären sich die Lübecker nachträglich bereit, ein Drittel der Kosten zu tragen.

Alles scheint also auf gutem Wege zu sein, doch schon bald treten erhebliche Schwierigkeiten auf. Vor allem das Süllfelder Moor erweist sich als Hindernis. »In Anbetracht der unzureichenden technischen Hilfsmittel jener Zeit standen der Durchführung dieses Unternehmens kaum überwindliche Schwierigkeiten entgegen«, schrieb Wilhelm Melhop, »denn von Stegen bis Hamburg hat die Alster ein Gefälle von 17 Metern, von Stegen bis Süllfeld steigt das Gelände noch um acht Meter, die Beste aber liegt nach plötzlichem, steilen Abfall des Geländes dort neun Meter tiefer und hat von da bis zur Einmündung in die Trave bei Oldesloe auf rund 15 Kilometer noch 14 Meter Gefälle.«

Die Skeptiker haben also Recht behalten, und einige von ihnen können nach dem Einstellen der Arbeiten frohgemut ihre Wettgewinne einstreichen. Lübecker Archivalien belegen eine solche Kanal-Wette, bei der zwei Bürger der Stadt den damals unerhört hohen Betrag von 40 Mark eingesetzt haben. Der Verlust, den Hamburg tragen muss, ist allerdings um ein Vielfaches höher, zumal sich weder der Schauenburger Herzog noch die Lübecker Ratsherren zur Begleichung ihres Kostenanteils bequemen wollen. Da das Projekt misslungen ist, argumentieren sie spitzfindig, entfällt auch die Zahlungsverpflichtung. Für Hamburg ist das fatal, denn schon im Jahr 1452 hat die Stadt für die Kanalarbeiten einen Betrag investiert, der etwa so hoch ist wie die Einnahmeposten eines ganzen Jahreshaushalts. Doch ganz vergebens ist die Mühe nicht gewesen, denn das Projekt hat wenigstens dazu geführt, dass die Alster nun bis hinauf nach Stegen per Schiff befahren werden kann. Das ist nicht nur für den Holztransport wichtig, auch andere Güter – vor allem der in der Stadt dringend benötigte Kalk aus Segeberg – können nun leichter und günstiger befördert werden.

Aber natürlich ist die Alster als Transportweg sehr viel unwichtiger als die Elbe, die die Verbindung zur Nordsee herstellt. Über die Elbe, deren Mündung seit 1394 von Hamburg kontrolliert wird, fahren die mit Handelsgütern voll gepackten Koggen Richtung Westen bis nach Brügge und London. Über den Umweg von Kattegatt und Skagerrak – vorbei an der Nordspitze Dänemarks – sind aber auch die Ostseehäfen von Lübeck, Danzig, Visby bis hin zum russischen Nowgorod zu erreichen.

Im Bündnis zu noch mehr Macht – die Hanse

Schon im 12. Jahrhundert haben sich die Kaufleute im Ostseeraum zu einem Bund zusammengeschlossen, der sich bald zu einem mächtigen Städtebündnis entwickelt: die Hanse. Neben Lübeck, der bedeutendsten Hansestadt, spielt Hamburg eine wichtige Rolle. Wer Mitglied ist, besitzt Privilegien und ist Teil eines Bündnissystems, das seine Interessen auch militärisch durchzusetzen vermag. Auf so genannten Hansetagen werden jene Beschlüsse gefasst, die dem Städtebund, der in seiner Glanzzeit etwa 100 Mitglieder hat, eine Vormachtstellung im Ostseeraum sichern. Selbst Dänemark muss nach schmerzlichen Niederlagen die Hanse als Machtfaktor akzeptieren. So floriert der Handel und füllt die Kassen der Kaufleute, die immer reicher werden und diesen Reichtum auch zum Ausdruck bringen. Kaufleute sind zwar keine Könige, die sich Schlösser bauen, aber dass es den Hansestädten gut geht, sieht man zum Beispiel an den selbstbewusst aufragenden Kirchen. Im Norden, wo es weder Sandstein noch Muschelkalk gibt, bäckt man sich seinen eigenen Stein aus Lehm und Kalk. Mit der 1350 vollendeten Lübecker Marienkirche erhält Deutschlands Norden seine erste hochgotische Kathedrale. Nachdem damit bewiesen ist, dass man aus Ziegeln ganze Kathedralen bauen kann, entstehen überall im Ostseeraum solche rot leuchtenden Himmelsstürmer – natürlich auch in Hamburg. Schon 1195 wird St. Petri zum ersten Mal als Marktkirche erwähnt. Doch Anfang des 14. Jahrhunderts folgt ein sehr viel größerer und anspruchsvoller Neubau. Es ist eine dreischiffige gotische

Der Löwenkopf-türzieher am linken Flügel des Westportals von St. Petri stammt aus dem Jahr 1342 und ist damit das älteste erhaltene Kunstwerk Hamburgs.

DAS WUNDERWERK VON MEISTER BERTRAM

Als 1383 Meister Bertram sein Werk nach vier Jahren endlich vollendet hat, staunen die Hamburger, die in Scharen nach St. Petri strömen. Der geschnitzte Flügelaltar, der nun im Chorraum zu sehen ist, übertrifft an Größe und Schönheit alle die vielen anderen Altäre in Hamburgs Kirchen. Im geöffneten Zustand erreicht er eine Breite von 7,20 Metern. Zu normalen Sonntagen sind nur die Seitenflügel mit gemalten Szenen aus der Bibel geöffnet. Doch wenn an hohen Feiertagen die Innenflügel gezeigt werden, verschlägt es den Gläubigen schier den Atem: Dann werden in der Kreuzigungsszene zwei Reihen von geschnitzten Figuren sichtbar, deren faltenreiche Gewänder oft golden schimmern: Es sind Propheten, Apostel und Heilige — insgesamt 79 kunstvoll gestaltete Plastiken, die sich an ihren Attributen erkennen lassen. Jeder Bürger, jeder Pilger, jeder Kirchenbesucher weiß, dass sich nur reiche Kaufleute einen so prächtigen Altar leisten können. Heute befindet er sich nicht mehr in der Kirche, sondern als Hauptwerk mittelalterlicher Hamburger Kunst in der Hamburger Kunsthalle.

Backsteinhalle, die um 1418 um ein zweites südliches Seiten-schiff erweitert wird. Der Unterbau des von Kapellen flankier-ten Turms lässt sich exakt auf das Jahr 1342 datieren – dank des mit einer Inschrift versehenen Löwenkopftürziehers. Er gilt als Hamburgs ältestes erhaltenes Kunstwerk und ziert bis heute den linken Flügel des Westportals (am rechten Flügel befindet sich eine Replik von 1849).

Seine endgültige Gestalt erhält der Turm 1516 mit einer Spitze, die sich »hogher in die lucht strecken schall alße de olde« – »höher in die Luft strecken soll als die alte.«

Hamburgs Staatsfeind Nummer 1: Klaus Störtebeker

So gut die Geschäfte im 14. Jahrhundert auch gehen, es gibt doch ärgerliche Probleme, die sich selbst von der mächtigen Hanse nicht so ohne weiteres lösen lassen. Seeräuber machen den Kaufleuten das Leben schwer und sorgen für empfindliche Verluste. Vor allem ein Name wird zum Mythos, der bis heute die Fantasie beflügelt: Klaus Störtebeker. Glaubt man den Legenden, so ist dieser trinkfeste Draufgänger eine Art Robin Hood des Ost- und Nordseeraums: Als Anführer der Vitalien-brüder kapert er an der Seite von Godeke Michels die Hanse-koggen, nimmt sich, was ihm gefällt und verschenkt den Rest an die Armen. Ein edler Räuber also, der die Reichen das Fürch-ten lehrt und von den Armen geliebt wird. »Gottes Freund – Aller Welt Feind« heißt der Wahlspruch der Vitalienbrüder, die sich – so legt der Name nahe – in einer Bruderschaft organisiert haben, wie das auch andere Berufsgruppen im Mittelalter taten. Sicher ist, dass die Seeräuber vor allem im 20. Jahrhundert allzu romantisiert und idealisiert worden sind. Ob sie ihre Beute wirklich unter den Armen verteilt haben, ist jedenfalls fraglich. Tatsache bleibt jedoch, dass sie im Machtspiel zwischen den Hansestädten einerseits und Dänemark andererseits instrumen-talisiert worden sind. Aber ausgerechnet über Störtebeker, den mit Abstand berühmtesten aller Ost- und Nordseefreibeuter, haben wir leider nur sehr wenige gesicherte Erkenntnisse. We-der über sein Geburtsjahr noch über den Vornamen herrscht

Klarheit. Wahrscheinlich stammt Störtebeker aus Wismar, wo er um 1350 geboren sein könnte, aber auch das ist keineswegs sicher. 1394 taucht sein Name in einer Akte auf, in der englische Kaufleute die Verluste beklagen, die sie bei Kaperangriffen der Vitalienbrüder unter einem Hauptmann Störtebeker erlitten haben. Wahrscheinlich um das Jahr 1398 verlegen Störtebeker und Michels ihr Aktionsgebiet von der Ost- auf die Nordsee – und damit sozusagen vor Hamburgs Haustür.

Im Auftrag des Grafen von Holland stören sie den Schiffsverkehr zwischen Hamburg und England. Immer wieder tauchen sie vor der ostfriesischen Küste auf, und die Verluste, die Hamburger Kaufleute hinzunehmen haben, wachsen beträchtlich.

Aber auch um Störtebekers Ende ranken sich zahlreiche Legenden: Simon von Utrecht, ein aus Holland stammender Kaufmann und späterer Bürgermeister, soll die Hamburger Flotte befehligt haben, als sie im Jahr 1400 Störtebeker und seine Mannen vor Helgoland, wo sich die Piraten verschanzt haben, zum Gefecht stellen kann. Allerdings soll die Niederlage der Vitalienbrüder auf die Tat eines Verräters zurückgegangen sein, der flüssiges Blei in Störtebekers Steueranlage gegossen und damit sein Schiff manövrierunfähig gemacht habe – heißt es. Jörgen Bracker, langjähriger Direktor des Museums für Hamburgische Geschichte und ausgewiesener Störtebeker-Experte, ist ganz anderer Meinung. Nicht das flüssige Blei eines Verräters, sondern das Überraschungsmoment, das sich die Hamburger Flotte zunutze macht, und die günstigen Windverhältnisse entscheiden den Kampf. Der starke Ostwind hindert die Flotte der Vitalienbrüder daran, die Hafenausfahrt zu passieren und zu fliehen.

Unstrittig ist, dass die Piraten nun in Ketten gelegt und nach Hamburg gebracht werden. Dort machte der Richter kurzen Prozess, natürlich werden die Vitalienbrüder – wie alle Piraten, derer man habhaft werden kann – am Grasbrook geköpft und die Schädel anschließend zur Abschreckung auf Pfähle genagelt.

Und genau hier setzt die Legende wieder ein: Im Angesicht des Todes gelingt es Störtebeker am Tag der Hinrichtung, dem 20. Oktober 1400, mit Bürgermeister Kersten Miles eine Vereinbarung zu treffen: All diejenigen seiner Kameraden, an denen er nach seiner Enthauptung noch vorbeischreiten kann, sollen das Leben geschenkt bekommen. Elf Kameraden erreicht der Geköpfte noch, bevor ihm der Henker den Richtblock vor die Füße wirft, er stolpert und schließlich zusammenbricht. Doch der Bürgermeister steht nicht zu seinem Wort und lässt alle 73 Seeräuber enthaupten.

1982 setzte Hamburg dem Piraten Störtebeker ein Denkmal: Die zwei Tonnen schwere Bronzeskulptur des Bildhauers Hansjörg Wagner wurde am Grasbrook aufgestellt.

DER MYTHOS DES PIRATEN

Störtebeker ist zwar tot, aber sein Nachleben dauert bis heute an. Es gibt Bücher, Filme, Festspiele, Souvenirs, und 1982 hat man dem einstigen »Staatsfeind Nummer eins« in Hamburg sogar ein Denkmal gesetzt: Bei der Magdeburger Brücke am Brooktor steht die von Hansjörg Wagner geschaffene Bronzeplastik, die den Piraten unbeugsam und aufrecht zeigt. 1878 fand man beim Bau der Speicherstadt am Grasbrook Schädel, die sehr wahrscheinlich von hingerichteten Piraten stammen. Der Ort, das Alter und die Verletzungen lassen jedenfalls darauf schließen. Einer davon könnte, so meint man, Störtebekers Schädel sein. Und weil das so sein könnte und der Mythos des Piraten gar zu lebendig ist, hat die französische Künstlerin Elisabeth Daynès anhand eines Schädelabgusses das Gesicht des Toten rekonstruiert. Seit 2004 können Hamburger und Hamburg-Besucher dem berühmten Piraten nun im Hamburgmuseum Aug in Aug gegenübertreten. Er ist – natürlich – blond, hat Bart und blaue Augen. Aber auch wenn man mit DNA-Analysen Vergleiche mit möglichen Nachkommen des Piraten anstellen will, Störtebekers Mythos wird selbst mit neuesten wissenschaftlichen Methoden nicht auf die Spur zu kommen sein.

Hauptstadt der Hanse – aber nur für sechs Jahre

Nach Störtebekers Tod ist es mit der Piratenplage keineswegs endgültig vorbei. Immer wieder werden Schiffe überfallen, gehen Ladungen verloren, werden Besatzungen ermordet oder verschleppt. Auch an Land gibt es keine sicheren Handelswege, die Wegelagerei blüht und manch arm gewordener Edelmann sichert sich durch ordinären Raub den Lebensunterhalt. Zwar sorgt die Hanse mit ihren Privilegien, Verträgen und gegenseitigen Unterstützungszusagen dafür, dass der Handelsverkehr funktioniert, aber Streit und Probleme existieren dennoch zuhauf. Des einen Schaden kann dem anderen durchaus von Nutzen sein. Das erfahren die Hamburger im Frühjahr 1408, als es im benachbarten und einflussreicheren Lübeck gewaltigen Ärger gibt: Dort sind die Bürger mit ihrem Rat so unzufrieden, dass sie ihn kurzerhand absetzen. 15 der 23 Ratsherren werden aus der Stadt getrieben. Von Lüneburg und Hamburg aus setzen sie zwar ein Verfahren beim Reichshofgericht in Gang, aber zunächst ändert sich dadurch nichts. Doch da in Lübeck Aufruhr in der Luft zu liegen scheint, ziehen es die hanseatischen Kaufleute vor, die unbotmäßige Stadt zu meiden. Stattdessen wird Hamburg 1410 nun zum »Vorort« der Hanse erklärt, was eine Art Hauptstadtfunktion bedeutet. Das dauert zwar nur sechs Jahre an, denn 1416 wird der alte Rat in Lübeck wieder eingesetzt, hat Hamburgs Einfluss und Bedeutung aber dennoch dauerhaft erhöht.

Doch der Hauch der Freiheit weht von Lübeck auch nach Hamburg hinein, sodass sich der Rat schließlich sogar gezwungen sieht, die Bürger stärker an der Politik zu beteiligen. Anlass für das bürgerliche Aufbegehren ist im Jahr 1410 ein mittelschwerer Skandal, der sich zur Staatsaffäre ausweitet: Als der unbescholtene und keineswegs mittellose Hamburger Bürger Heyno Brand auf der Straße Herzog Johann III. von Sachsen-Lauenburg begegnet, erinnert er den Herrscher daran, dass er seine Schulden an ihn noch nicht zurückgezahlt habe. Mag sein, dass der Kaufmann die Etikette bei diesem Wortwechsel nicht ganz beachtet hat, aber juristisch ist die Sache sonnenklar: Gläubiger erinnert Schuldner an dessen Außenstände und fordert Rückzahlung. Für Johann III. ist das Ganze aber eine ungeheure Unverschämtheit. Wütend geht er zum Rat und beschwert sich über seinen Gläubiger. Daraufhin wird Heyno Brand verhaftet und in Eisen gelegt. So viel Willkür bringt den Volkszorn zum Kochen und Hamburg an den Rand eines Aufruhrs. Die Bürger treffen sich im Maria-Magdalenen-Kloster und wählen einen Ausschuss, der aus 60 Personen besteht – aus jedem der vier Kirchspiele also 15. Diese aufgebrachten Herren begeben sich zum Rat und fordern ihn ultimativ auf, Heyno Brand wieder auf freien Fuß zu setzen. Als das schließlich geschehen ist, gehen sie aber nicht etwa wieder friedlich nach Hause, sondern nutzen die Gunst der Stunden und handeln dem in die Enge getriebenen Rat eine ganze Reihe wichtiger Privilegien und Mitwirkungsrechte ab: Wenn er nicht gerade auf frischer Tat ertappt wird, darf künftig kein Bürger mehr verhaftet werden, ohne seine Sicht der Dinge zuvor dem Rat vortragen zu können. Bevor der Rat auswärtigen Mächten den Krieg erklärt, muss er künftig die Meinung der Bürger einholen. Und in Zukunft stehen Auswärtige, und seien es auch Grafen und Herzöge, nicht mehr über dem Gesetz: Wer bei einem Hamburger Bürger Schulden hat, dem darf der Rat künftig nicht mehr freies Geleit garantieren.

Die Vierlande werden beiderstädtisch regiert

Von freiem Geleit und sicherem Weg kann dagegen auf der wichtigen Strecke von Hamburg zur Zollstation und Elbfähre von Zollenspieker keine Rede sein. Nicht nur die Hamburger, auch die Lübecker Transporte werden auf dem Weg, der durch Bergedorf führt, immer wieder behindert oder gar ausgeplündert. 1420 wollen die beiden Hansestädte diesem Treiben ein Ende setzen, sie rüsten ein Heer aus und erklären dem Herzog Erich V. von Sachsen-Lauenburg und seinen Brüdern Bernhard II. und Otto am 7. und 8. Juli 1420 den Krieg. Doch die Burg Bergedorf, von der aus die Raubzüge auf den Handelsweg ausgegangen sind, ist hervorragend gesichert und schwer einzunehmen. Daher haben die beiden Hansestädte ein gewaltiges Heer mobilisiert: 800 Reiter, 1000 Büchsenschützen und sogar mehrere Kanonen rücken Anfang Juli Richtung Bergedorf vor. Am 12. Juli hört man den Kanonendonner bis nach Hamburg. Nach heftigem Gefecht wird zunächst die Stadt eingenommen, nach fünftägiger Belagerung kapituliert auch die Burgbesatzung. Nun können Jordan Pleskow, der Bürgermeister von Lübeck, und sein Hamburger Amtskollege Hein Hoyer endlich den Schlüssel der Burg in Empfang nehmen. Der Handelsweg ist nun sicher und Bergedorf und die Vierlande gehören den Siegern. Zu den Vierlanden, die Teil der Elbmarschen sind, gehören die Dörfer Altengamme, Curslack, Kirchwerder und Neuengamme.

Am 23. August 1420 wird der Perleberger Vergleich besiegelt, der eine eigentümliche Rechtskonstruktion zur Folge hat: Bergedorf, die Vierlande, Geesthacht und ein Teil des Sachsen waldes werden nun beiderstädtisch verwaltet. Das heißt, sie unterstehen sowohl Hamburg als auch Lübeck. Und das funktioniert mehr als 400 Jahre lang erstaunlich gut: Beide Städte stellen im genau festgelegten Wechsel die Amtmänner, die das Gebiet im beiderseitigen Interesse verwalten. Erst 1867 fällt das Gebiet Hamburg zu.

Die Elbe wird sicherer

Während die Hanse im 13. und 14. Jahrhundert ihre Waren ausschließlich auf den schwerfälligen und leicht zu kapernden Koggen transportiert hat, kommt im 15. Jahrhundert ein neuer Schiffstyp auf: der Holk. Gegenüber der Kogge kann der Holk ein Drittel Ware mehr transportieren und ist außerdem durch Kastelle an Bug und Heck, hinter denen die Besatzung bei Gefechten Schutz finden kann, viel besser gegen Piratenüberfälle gerüstet. Die meisten dieser Schiffe werden in Lübeck, Danzig oder Amsterdam gebaut, aber es gibt auch am Brook Werften, in denen Zimmerer Schiffe für den Hamburger Bedarf fertigen. Damit sie auf der Elbe, die reich an Untiefen und gefährlichen Stellen ist, ihren Weg finden, wird die Fahrrinne von 1450 an markiert. Allerdings ist das nicht nur eine Maßnahme, die die Sicherheit der Schifffahrt erhöhen soll, sie dient gleichzeitig dazu, Hamburgs Ansprüche auf die Elbe zu demonstrieren. Vom Hafen bis zur Elbmündung werden auf einer Strecke von 135 Kilometern Tonnen gelegt, eine aufwändige Aktion, die die Schiffseigner mit einem Tonnengeld finanzieren müssen.

Am 4. Dezember 1459 stirbt Adolf VIII. kinderlos. Damit endet die Herrschaft der Schauenburger über Hamburg. Aus Hamburger Sicht war es keine schlechte Zeit, denn einerseits haben sich die Grafen etwa durch die Gründung der Neustadt 1188 Verdienste um die Entwicklung der Stadt erworben, andererseits waren sie aber durch Erbauseinandersetzungen so geschwächt, dass Hamburg ein immer höheres Maß an Selbstständigkeit gewinnen konnte. Warum sollten wir Freie Reichsstadt werden, fragen sich die Ratsherren, die längst gewohnt sind, weitgehend selbstständig zu agieren, und geben sich selbst die immer gleiche Antwort: Das kostet nur unnötig viel Geld.

Aber jetzt, wo es den schwachen Landesherrn nicht mehr gibt, werden die Karten neu gemischt. Am 4. Dezember 1459 wählen die schleswig-holsteinischen Stände den dänischen König Christian I. zum Herzog von Schleswig und zum Grafen von Holstein und Stormarn. Schon im ersten Absatz des Freibriefs, in dem Christian I. die ewige Unteilbarkeit von Schleswig und Holstein garantiert, wird Hamburg zwar versichert, dass seine bisherigen Rechte nicht beschnitten werden sollen. Trotzdem ist den Hamburgern nicht wohl bei der Sache. Der Däne ist kein schwacher Herrscher, sondern verfügt über ein großes Land und beträchtliche Macht. Und die erste Herausforderung lässt auch nicht lange auf sich warten. Anfang des Jahres 1461 kommt ein Bote des Königs nach Hamburg und überreicht den Ratsherrn ein Schreiben, in dem sie aufgefordert werden, dem neuen Landesherrn zu huldigen.

Zwischen Stolz und Pragmatismus

Dabei wissen sie ganz genau, wenn sie es tun, ist es mit ihrer Unabhängigkeit wahrscheinlich bald vorbei. Aber wie weigert man sich, ohne den König allzu sehr zu verärgern? Hier ist wieder einmal größtes diplomatisches Fingerspitzengefühl gefragt: In langen und schwierigen Verhandlungen machen die Hamburger der dänischen Abordnung erst einmal klar, dass sie sich zu einer Huldigung außerstande sehen, zumal Hamburg noch nie einem Herren gehuldigt habe. Andererseits erkennen sie den Dänenkönig natürlich an und einigen sich am 15. Januar 1461 schließlich auf eine Formulierung, die unverbindlich genug ist: Der Rat und Bürgermeister Detlev Bremer bitten König Christian I. darum, Stadt und Bürgerschaft »anzunehmen«. Diese »Annehmung« soll zugleich Hamburgs alte Rechte und Privilegien sichern.

Alle sind zufrieden, denn alle haben ihr Gesicht gewahrt und an dem für Hamburg so vorteilhaften Status quo hat sich auch nichts geändert. Die Dinge nicht ganz so klar zu fixieren, sondern Spielräume für Interpretationen offen zu lassen, ist ohnehin ein Charakteristikum der hamburgischen Staatskunst, die sich meist als sehr erfolgreich erweist. Mit der »Annehmung« ist das Verhältnis zum dänischen König hinreichend unverbindlich geklärt, der den Hamburger Kaufleuten sogar den zollfreien Einkauf in Schleswig-Holstein gewährt. Andererseits erinnert man den König gern an die vom Heiligen Römischen Reich gewährten Privilegien, scheut sich aber aus den erwähnten Kostengründen, selbst Freie Reichsstadt zu werden. Wenn Hamburger Vertretern auf den Reichstagen, an denen sie gern teilnehmen, entsprechende Avancen gemacht werden, verweisen sie dagegen schulterzuckend auf ihre Zugehörigkeit zum Herzogtum Holstein.

Alltag im Spätmittelalter

Aber wie lebt es sich im späten Mittelalter in dieser wirtschaftlich so erfolgreichen Stadt? Das ist natürlich in erster Linie eine soziale Frage: Die große Mehrheit der Hamburger Bevölkerung ist arm, hat kaum Zugang zu frischem Trinkwasser und ernährt sich überwiegend von Brot und Getreidebrei, allenfalls noch von Räucher- oder Salzhering und etwas Schmalz. Morgens gibt es gar nichts zu essen, erst am Mittag kann man auf eine warme Mahlzeit hoffen. Wenn davon etwas übrig bleibt, gibt es dann noch ein karges Nachtmahl. Getrunken wird vor allem Bier, das zugleich eines der wichtigsten Hamburger Exportgüter ist. Schon im 15. Jahrhundert gilt Hamburg als »Brauhaus der Hanse«.

Bei den Kaufleuten sind die Tische natürlich sehr viel reicher gedeckt. Hier gibt es nicht nur Brot und Fisch, sondern auch Schweine- und Rindfleisch, gelegentlich Wild, dazu auch Geflügel, Eier und Milchprodukte. Reiche Hamburger trinken zwar Bier, aber ebenso Wein, der oft von weither importiert wird.

Zeitenwende mit *Augenmaß*:
Hamburg im Zeitalter der Reformation

Die Stimmung ist schlecht, aber wenigstens das Bier schmeckt gut. »O quam libenter esses vinum«, ruft Kardinal Raymund aus, was frei übersetzt heißt: »O Bier, wie schmeckst du fein, wie gerne wärest du Wein.« Sonst hat der Kardinal, der im Jahr 1503 als päpstlicher Legat nach Hamburg gekommen ist, nicht viel Grund zur Freude. Im Dauerstreit zwischen dem Rat und dem Domkapitel, den er schlichten soll, lässt sich nur mit Mühe ein Kompromiss finden. Klar ist aber, dass das Domkapitel, das über erheblichen Grundbesitz sowie Abgabenfreiheit und zahlreiche weitere Rechte verfügt, die von den Bürgern nur zähneknirschend hingenommen werden, auch in Zukunft für Streit und Ärger sorgen wird. Schlimmer noch ist jedoch, was die Hamburger Ratsherren dem Kardinal über das Lotterleben der Hamburger Geistlichen erzählen.

Kopfschüttelnd nimmt Raymund zur Kenntnis, dass der Klerus jedes Maß an Zucht und Anstand verloren hat. Die Priester und Mönche huren hemmungslos, und selbst Domherren halten sich Konkubinen, die schamlos teuren Schmuck tragen, als seien sie feine Damen. Der Kardinal sieht sich das alles mit eigenen Augen an und ist so entrüstet, dass er den Klerikern befiehlt, »bei Strafe des Bannes innerhalb Monatsfrist ihre Concubinen von sich zu lassen«.

Das Geschäft mit dem Seelenheil blüht

Kurz darauf reist Raymund wieder ins ferne Rom, an den Zuständen in Hamburg ändert sich allerdings nichts. Die Priester, Mönche, Nonnen und die Commenditisten, die die geistlichen Stiftungen verwalten, lassen es sich gut gehen – und es werden immer mehr. Im Jahr 1508 hat Hamburg etwa 15 000 Einwohner, darunter 360 Vikare, die an den Pfarr- und Hospitalkirchen und den Kapellen Messen lesen. Und das Geschäft mit dem Seelenheil ist so einträglich, dass die Geistlichen in Saus und Braus leben. Im September 1513 platzt dem Domdekan Albert Krantz der Kragen. Krantz, der humanistisch gebildet ist und seit 1493 als Lektor am Domkapitel amtiert, ist eine integre Persönlichkeit mit hoher moralischer Autorität. Ultimativ fordert er die Domherren auf, sich von ihren Konkubinen zu trennen. Das Aufsehen ist groß, genützt hat es trotzdem nichts.

Den Gläubigen fällt es immer schwerer, den Widerspruch zwischen der Lehre der Kirche und dem Lebenswandel ihrer Vertreter zu akzeptieren. Der Ansehensverlust der Geistlichen ist jedenfalls enorm. Und das hat schließlich doch Konsequenzen: Dass die Bürger nicht mehr bereit sind, dem Treiben der Kleriker tatenlos zuzusehen, zeigt der Fall des Domscholasten Hinrich Banskow, der mit seiner Köchin Wobbeke van der Heide zusammenlebt und mit ihr mehrere Kinder hat. Mit seinem schamlosen Lebenswandel bringt er die Bürger gegen sich auf. Es gelingt ihnen, seinen Einfluss zurückzudrängen und ihm die Aufsicht über die Schule zu St. Nikolai sowie das Recht zu weiteren Schulgründungen zu nehmen. Die Zeiten ändern sich.

Luthers Lehre findet auch in Hamburg Anhänger

Überall in Deutschland kündigt sich die Reformation an. In Hamburg vollzieht sie sich weitgehend friedlich. Bilderstürmer und Schwarmgeister werden hier nicht gesichtet. Es gibt keine Unruhen, keine Tumulte, kein Geschrei. Natürlich erfährt man schon bald, dass am 31. Oktober 1517 im etwa 300 Kilometer weiter elbaufwärts gelegenen Wittenberg der Augustinermönch Martin Luther 95 kritische Thesen veröffentlicht, die hart mit der kirchlichen Praxis ins Gericht gehen. Natürlich interessieren sich die Hamburger Bürger für das Neue, das die Kirche in ihrer bisherigen Form in den Grundfesten erschüttern wird, aber was immer auch entschieden werden muss, es soll mit Bedacht geschehen. Eigentlich eine sympathische Haltung, die der Stadt in jenen bewegten Zeiten durchaus zum Vorteil gereicht.

Die Reformation gewinnt in Hamburg schnell an Zustimmung, doch zunächst steht der Rat noch auf der Seite des Domkapitels. Trotzdem verhindert er nicht, dass schon im Jahr 1527 an den Hauptkirchen St. Katharinen, St. Jacobi und St. Nikolai evangelische Pastoren die neue, lutherische Lehre predigen. Als sich schließlich die Position der Altgläubigen bei einer Disputation zwei Jahre später als allzu schwach erweist, schwenken die Ratsherren kurzerhand ins reformatorische Lager über und beauftragen den Theologen und Luther-Freund Johannes Bugenhagen mit der Durchführung kirchlicher Reformen.

Die Besonnenheit der Bürger sei einzigartig gewesen, lobte Luthers engster Mitarbeiter Philipp Melanchthon, der 1537 zufrieden feststellen kann, dass die Reformation in keiner anderen küstennahen Stadt ruhiger verlaufen ist als hier zwischen Alster und Elbe.

Noch gibt es zwar das Domkapitel, das Ärger macht und für eine Verurteilung der Hansestadt durch das Reichskammergericht sorgt, doch auch durch die von Kaiser und Papst bald ausgesprochene Ächtung lässt sich die alte Ordnung nicht wieder herstellen. Im Jahr 1536 tritt Hamburg dem Schmalkaldischen Bund der protestantischen Reichsstände bei. Nach dem Augsburger Religionsfrieden vom 25. September 1555 strebt der Rat einen Kompromiss an, der sechs Jahre später im so genannten Bremer Vergleich gipfelt: Viel geändert hat sich dadurch nicht, denn die Hamburger Kirchenordnung von 1529, in der die Ergebnisse der Reformation festgeschrieben sind, bleibt uneingeschränkt in Kraft. Das Domkapitel erhält jedoch seinen weltlichen Besitz zurück. Noch mehrere Jahrhunderte lang, bis zum Reichsdeputationshauptschluss von 1803, gibt es daher in Hamburg einen inzwischen zwar auch evangelischen, aber von Senat und Landeskirche völlig unabhängigen Dom samt Domkapitel.

Doch sonst hat sich in der Stadt sehr viel verändert: Alle Hamburger Klöster werden aufgehoben. Anders als die streitbaren Dominikaner und die Nonnen vom Zisterzienserinnenkloster in Harvestehude legen die Franziskaner vom Marien-Magdalenen-Kloster ihre Kutten ohne Protest ab. Vielleicht gründet sich diese Einsicht ja auf die Überzeugungskraft ihres einstigen Mitbruders Stephan Kempe aus Rostock, der schon 1523 in St. Marien-Magdalenen äußerst wortgewaltig die lutherische Lehre gepredigt hat.

Die neue Lehre räumt mit alten Gewissheiten auf

Was die Mönche, die Bürger, die Ratsherren, die Mitglieder von Bruderschaften in Gottesdiensten und auf den Disputationen von Kempe zu hören bekommen, wird ihnen zunächst einmal die Sprache verschlagen haben: Nicht durch gute Taten, nicht durch Almosen oder noch so großzügige Spenden kann man vor Gott gerecht und vor der ewigen Verdammnis gerettet werden, sondern – »sola gratia« – allein aus göttlicher Gnade und aus dem Glauben, der daraus wächst.

Das alles können die Hamburger auch lesen, denn 1523 druckt eine Druckerei, die von niederländischen Emigranten betrieben wird, 16 reformatorische Schriften, darunter Luthers Septembertestament und das Neue Testament in niederdeutscher Sprache.

Ziemlich gründlich räumt die reformatorische Lehre mit den alten Gewissheiten auf, und das hat ganz praktische Konsequenzen, zumal für reiche Kaufleute: Denen, die ihr jenseitiges Heil durch den Kauf von Ablässen und durch Almosenzahlungen einigermaßen gesichert glaubten, ergeht es nun ungefähr so wie Aktienbesitzern nach einem Börsenkrach. Aber das Ende des Ablasshandels hat nicht nur individuelle Folgen, sondern entzieht auch der Armen- und Krankenfürsorge in ihrer bisherigen Form die Grundlage. Stephan Kempe und der mit der Durchsetzung der Reformation in Hamburg beauftragte Johannes Bugenhagen machen den Gottesdienstbesuchern nun klar, dass sich mit mildtätigen Gaben zwar kein Platz im Himmel reservieren lässt, dass die Armen und Kranken aber trotzdem weiterhin unterstützt werden müssen – und zwar aus christlicher Nächstenliebe.

STEPHAN KEMPE – VOM FRANZISKANER ZUM REFORMATOR

Kempe ist 1521 an der Rostocker Universität immatrikuliert. Von hier aus schickt man ihn im April 1523 nach Hamburg, wo er am Maria-Magdalenen-Kloster lutherisch predigt. Eigentlich soll er schon im Juni wieder nach Rostock zurückgehen. Aber viele Bürger sind von seinen Predigten so beeindruckt, dass sie sich für sein Bleiben einsetzen. 1527 tritt er aus dem Kloster aus und wird zum Pastor von St. Katharinen gewählt. Wie Martin Luther heiratet auch er eine Nonne. Er wird Domlektor und vertritt in Disputationen mit altgläubigen Kontrahenten die evangelische Sache so überzeugend, dass er auch den Rat auf seine Seite zieht.

Klinkerstatue des lutherischen Theologen und Reformators Stephan Kempe (um 1495–1540), gestaltet von dem Bildhauer Friedrich Wield für die Fassade der 1927–29 erbauten Barmbeker Bugenhagenkirche.

Nächstenliebe statt Ablasshandel

Um eine neue, zeitgemäße Organisation zu finden, gründen Bürger – vor allem handelt es sich dabei wohl um Kaufleute – 1527 in St. Nikolai und später auch in den anderen drei Hamburger Kirchspielen so genannte Gotteskästen.

Diese Kassen, mit deren Mitteln künftig die Armen- und Krankenpflege finanziert wird, unterstehen einem Kollegium von zwölf Bürgern, die als Diakone bezeichnet werden. Die drei ältesten aus ihren Reihen sind die Oberalten, die noch große Bedeutung für die Verwaltung der Hansestadt erlangen sollen. Nach den Festlegungen der Kirchenordnung von 1529 kommt zu den vier Gotteskästen der Kirchspiele noch ein fünfter Gotteskasten, der als »Hauptkasten« bezeichnet wird und dessen Mittel zur Deckung von Verwaltungs- und Baukosten verwendet werden. Kai Robert Möller schreibt dazu: »Im Ganzen finden wir hier in der Gotteskastenordnung aber eine sehr moderne Verwaltungskonzeption, bei der sich die Gotteskästen der Kirchspiele mit Sozialämtern, der fünfte oder Hauptkasten mit einem Landessozialamt vergleichen lässt. Konsequenterweise hat man dieser höheren Instanz dann auch die geschlossene Sozialverwaltung, die Verwaltung der Hospitäler, übergeben.«

Die Macht der Oberalten

Das wichtigste neue Gremium sind die Oberalten, die bis ins späte 19. Jahrhundert großen Einfluss besitzen. Sie bilden das höchste der drei Bürgerlichen Kollegien. Grundlage ihres Handelns sind die wichtigsten Verfassungsdokumente der Reformationszeit: die »Gotteskastenordnung« (1528), die »christliche Ordnung der ehrbaren Stadt Hamburg« und der »Lange Rezess« (beide von 1529). Dass sie von Anfang an aufs Engste mit den vier (später fünf) Hauptkirchen verbunden sind, ergibt sich schon aus ihrer Zusammensetzung. Zur Verwaltung des Gotteskastens der zunächst vier Hauptkirchen werden aus dem Kreis der Bürger jeweils zwölf Diakone gewählt, die das »Kollegium der 48« bilden. Die drei Ältesten aus jedem Kirchspiel finden sich zum Kollegium der Oberalten zusammen, das die Aufsicht über den in St. Maria-Magdalenen aufgestellten gemeinsamen Gotteskasten führt. In diesem wird das Vermögen der Klöster und Hospitäler zusammengefasst. Das ist notwendig, da diese Einrichtungen zu keinem der Kirchspiele gehören.

Doch die Aufgaben der Oberalten bleiben nicht auf Verwaltungsfunktionen beschränkt. Gemäß ihrem Motto »alles, was zur Eintracht und Wohlfahrt dieser guten Stadt gereiche, zu befördern«, greifen sie darüber hinaus in die Geschicke des Gemeinwesens ein und machen Politik. Das Recht dazu gibt ihnen der Lange Rezess, der das Kollegium der zwölf Oberalten, das nach Gründung des Kirchspiels St. Michaelis 1685 auf 15 Mitglieder erweitert wird, zu einem der drei Kollegien macht, welche die Erbgesessene Bürgerschaft gegenüber dem Rat ständig vertreten. Die beiden anderen Kollegien setzen sich aus weiteren Vertretern der Kirchspiele sowie gewählten Armenvorstehern zusammen.

Der Erbgesessenen Bürgerschaft, die bis 1860 gemeinsam mit dem Rat die Stadt repräsentiert, gehören alle Einwohner an, die das Bürgerrecht besitzen. Und das kann nur erwerben, wer über unbelasteten Besitz und vererbbaren Grundbesitz in der Stadt verfügt. Da aber eine zahlenmäßig so große Gruppe in der praktischen Politik kaum handlungsfähig wäre, lässt sie ihre Interessen seit der Reformation von den Kollegien vertreten. Dabei fällt den Oberalten eine besondere Rolle zu: Sie leiten die Bürgerschaftskonvente und wachen über die Einhaltung der Verfassung.

Wenn die Oberalten Missbräuche entdecken, haben sie die Pflicht, ein Beschwerdeverfahren einzuleiten. Aber auch bei der Vorbereitung neuer Gesetze führt kein Weg an ihnen vorbei. Schließlich leiten sie nicht nur die vorbereitenden Verhandlungen; selbst wenn alle Paragrafen fixiert sind, muss der Rat ihnen die fertigen Gesetzestexte noch einmal vorlegen – nicht etwa zur Kenntnisnahme, sondern zur Genehmigung. Erst anschließend kann die Vorlage die beiden anderen Kollegien passieren und bald darauf in der Bürgerschaft zur Abstimmung gelangen.

EIN WEISES UND GREISES GREMIUM
Nomen est omen, könnte man meinen, denn da die Oberalten nach dem Senioritätsprinzip ins Amt kommen, sind sie nicht nur ein weises, sondern auch ein greises Kollegium. Im 18. und 19. Jahrhundert beträgt das Durchschnittsalter immerhin mehr als 63 Jahre, weshalb die würdigen Herren auch als »Überalte« verspottet werden. Aber in Wahrheit hindert ihre Betagtheit die Oberalten keineswegs daran, politisch Einfluss zu nehmen, wobei sie meistens einen sehr konservativen Standpunkt vertreten.

»Betreutes Wohnen« im Kloster

Nun gibt es also keinen Ablass mehr, keine katholische Messe und auch keine katholischen Feiertage. Die Pastoren predigen lutherisch und in niederdeutscher Sprache und das Abendmahl wird »in beiderlei Gestalt« – das heißt: mit Brot und Wein – gefeiert. Aber wie funktionieren Hamburgs Klöster nun ohne Mönche und Nonnen?

Die Franziskaner haben nach der Auflösung ihrer Ordensgemeinschaft verschiedene Arbeiten übernommen, können das Kloster aber damit allein nicht auf Dauer unterhalten. Daher verwalten ab 1531 zunächst vier Oberalte das Maria-Magdalenen-Kloster. Es gibt einen Hofmeister und eine Mesterin, die bei der Haushaltführung von zwei Mägden unterstützt wird. Die Mönchszellen im Mittelbau stehen nicht lange leer, denn bald ziehen hier 20 bedürftige Frauen ein, die zuvor im Hospital St. Elisabeth gelebt haben. Aufgenommen werden Jungfrauen oder Witwen, die mindestens 45 Jahre alt sind. Zum Einzug muss ein »Geschenk« gemacht werden, eine Art Eintrittsgeld. Da die räumlichen Möglichkeiten des Klosterkomplexes die Bedürfnisse bei weitem übersteigen, werden einige Flügel zu Wohnungen umgebaut und vermietet. Bereits im 16. Jahrhundert gibt es hier ein Modell, das schon fast an das heute übliche betreute Wohnen erinnert: Man kann eine im oder nahe des Klosters befindliche Wohnung als »Pröven« auf Lebenszeit kaufen und sich verpflegen lassen. Die Pröven bekommen das gleiche Essen wie die Schwestern, müssen es sich allerdings selbst abholen. Nur im Krankheitsfall wird es ins Haus gebracht. Diese Praxis ist bis 1703 üblich, später vermietet das Kloster seinen Wohnungsbestand zu – heute würde man sagen – marktüblichen Bedingungen. Und auf dem damaligen Wohnungsmarkt sind diese Unterkünfte sehr begehrt, nicht zuletzt weil die Mieter – wie übrigens auch die Schwestern – keine Abgaben an die Stadt entrichten müssen.

Auch die Klosterkirchen werden nach der Reformation weiter genutzt. An Stelle der Bruderschaften treten nun Handwerksämter und -gesellschaften, die aber in fast gleicher Weise wie zuvor die Gestühle und Grabstellen unterhalten. Es werden jetzt zwar keine Nebenaltäre mehr gestiftet, dafür aber Fenster und Bilder mit biblischen Darstellungen, Bildnisse der Reformatoren und künstlerisch reich geschmückte Epitaphe, die an Pastoren und andere hervorragende Persönlichkeiten der Gemeinde erinnern. Da es in Hamburg zu keinem Bildersturm gekommen ist, verändern sich Ausstattung und Schmuck der Kirchen nur allmählich, wobei meist Geschmack und praktische Gesichtspunkte den Ausschlag geben.

Der »Englische Schweiß« fordert 1000 Opfer

Das Jahr 1529 bringt Hamburg nicht nur ein neues politisches System, sondern auch eine Katastrophe: Immer mehr Menschen in der Stadt bekommen heftige Fieberanfälle und Schweißausbrüche. Es ist eine Art Grippe, die die Hirnhaut und das Hirngewebe angreift und oft zu einem qualvollen Tod führt. Da diese »Schweißsucht« zuerst auf den britischen Inseln aufgetreten ist, wird sie auch »Englischer Schweiß« genannt. Angeblich soll sie der Schiffer Hermann Evers nach Hamburg eingeschleppt haben. Die medizinische Versorgung ist miserabel und allein 1529 sterben in Hamburg etwa 1000 Menschen an der Seuche. Es gibt zwar Chirurgen und Barbiere, die sich schon 1442 zu einem Amt zusammengeschlossen haben, aber erst im Langen Rezess von 1529 wird das Amt eines Stadtarztes festgelegt. Im Paragraf 48 heißt es: »Ein Ehrbarer Rat will auch zum Behuf für diese gute Stadt eine guten geleh-

Die enorm detailreich gestaltete Elbkarte, die Melchior Lorrich 1568 im Auftrag des Rates erarbeitete, sollte Hamburgs Rechtsansprüche auf die Unterelbe topografisch untermauern. – Detail (Norder- und Süderelbe).

ten Physikus halten und alle anderen practisirenden Ärzte, Landläufer, unwissende Practicanten sollen in dieser Stadt nicht geduldet werden.«

In der zweiten Hälfte des 16. Jahrhunderts wird Hamburg immer repräsentativer: Der Turm von St. Jacobi wird 1589 mit einem damals hochmodernen Helm auf achteckiger Grundfläche verschönert. Nachdem der Turm von St. Nikolai ebenfalls 1589 durch Blitzschlag zerstört wurde, erhält die Kirche vier Jahre später einen neuen Turm im repräsentativen Renaissancestil. Aber auch die reichen Kaufleute bauen sich jetzt stattliche Häuser mit langen Fensterreihen und vorspringenden Giebeln.

Eine Landkarte wird zum Beweismittel

Im fernen Speyer hat das Reichskammergericht ein Urteil zu fällen im Streit mit dem Harburger Herzog Otto II., der gemeinsam mit den Herzögen von Braunschweig-Lüneburg

gegen Hamburg klagt. Es geht um Hamburgs Stapelrecht, das der Stadt schon 1189 von Kaiser Barbarossa zugesprochen worden ist. Soll auch weiterhin jeder vorbeifahrende Schiffer gezwungen sein, in Hamburg festzumachen und dort seine Waren anzubieten? Für die Städte Harburg, Lüneburg, Stade und Buxtehude ist das ein großes Ärgernis, denn es verschafft Hamburg einen gewaltigen Wettbewerbsvorteil. Doch wer hat die besseren Argumente? Bei der Verhandlung am 3. Dezember 1567 gelingt den Hamburgern ein Überraschungscoup: Als Beweismittel bringt ein Diener eine große Rolle herein, die auf einer langen Tafel ausgebreitet wird. Es ist eine einen Meter hohe und zwölf Meter lange Karte, die den Elbverlauf von Geesthacht bis zur Mündung in die Nordsee zeigt. Jede Insel, jedes Dorf mit seinen Häusern und Kirchen, jede Windmühle und – vor allem – alle Markierungen, die die Hamburger zur Sicherung der Schifffahrtswege im Fluss verankert haben, sind darauf verzeichnet. Es ist eine unglaublich aufwendige und genaue Karte, die der Handwerker, Architekt und Kartograf

Melchior Lorrich 1557 innerhalb von acht Monaten für den Hamburger Rat in dreifacher Ausfertigung gemalt hat. Billig war das nicht, immerhin hat Lorrich, der einer Flensburger Ratsherrenfamilie entstammt, dafür 580 Mark erhalten, was etwa dem Jahresgehalt des Ratssyndikus entspricht. Aber die Investition lohnt sich für Hamburg, denn die Karte beweist, dass Norder- und Süderelbe zwei Arme ein und desselben Stroms sind und es sich bei der für Hamburg so wichtigen Norderelbe keineswegs um einen weniger bedeutenderen Nebenstrom handelt. Das sehen nun auch die Richter so. Beeindruckt von den Bemühungen der Hamburger um die Sicherung der Schifffahrt bestätigen sie das Stapelrecht mit nur leichten Einschränkungen.

Für Hamburg ist das ein enormer Sieg, der große Bedeutung für die künftige Entwicklung hat. Nach der Entdeckung der Neuen Welt verlagert sich der Handel immer stärker von der Ost- auf die Nordsee. Während das lange Zeit so reiche und mächtige Lübeck nun nur noch an einem Binnenmeer liegt, wird Hamburg buchstäblich zum Tor der Welt.

DIE STADT INVESTIERT IN IHRE SICHERHEIT

Seit 1530 werden die Befestigungsanlagen, die die Stadt gegen äußere Feinde schützen, verstärkt. 1547 entsteht zwischen den Wällen am Reesendamm und am Millerntor der Neue Wall. Diese Sicherheitsmaßnahmen lässt sich die Stadt viel kosten. Unruhige und wenig friedvolle Zeiten scheinen sich anzukündigen. Da gilt es vorzusorgen und Verbündete zu suchen. Im Jahr 1608 schließen sich die Städte Hamburg, Bremen, Lübeck, Braunschweig und Magdeburg zu einem Bündnis zusammen. Um sich zu schützen, nehmen sie den besten Verteidigungsexperten jener Zeit unter Vertrag: Am 1. Mai 1609 stellen die Verbündeten den niederländischen Ingenieur Johan van Valckenburgh in Dienst. Er soll die Städte mit einem hochmodernen Verteidigungssystem umgeben. In Hamburg dauern die Befestigungsarbeiten von 1615 bis 1626. Der Wall ist zwar teuer, aber das Geld gut angelegt. Dank seiner Wälle und Bastionen gilt Hamburg als nahezu uneinnehmbar. Da die Stadt im Dreißigjährigen Krieg politisch zurückhaltend auftritt, bleibt sie von den großen Heimsuchungen des 17. Jahrhunderts verschont.

Ein unwirtlicher Ort wird zur Neustadt

Der Wallbau erweist sich auch in anderer Hinsicht als folgenreich, bringt er doch eine gravierende städtebauliche Veränderung mit sich: In einem weiten Bogen umspannt das Wallsystem die Altstadt mit der Nikolaikirche als Zentrum. Er umschließt aber auch das westlich vorgelagerte Gebiet. Hier wird sich die spätere Neustadt entwickeln.

Dafür bedarf es schon städtebaulicher Weitsicht, denn damals ist der Geestrücken südwestlich der Alster ein öder, unwirtlicher Ort. Hier gibt es nur eine Ziegelei, Pulvermühlen und den Pestfriedhof. Erst um 1600 baut man für die wenigen Bewohner der damaligen Vorstadt eine Kapelle, die zum Kirchspiel St. Nikolai gehört. Es ist wohl ein schlichter Saalbau, dessen Dachreiter über der Westfront bei weitem nicht mit den stolzen Türmen der Hauptkirchen konkurrieren kann. Spätestens 1612 wird die Kapelle dem Erzengel Michael geweiht. Da sich mit dem Bau der Wallanlagen innerhalb der sich entwickelnden Neustadt immer mehr Menschen niederlassen, gewinnt die kleine Kirche, bei der es sich um den ersten evangelischen Kirchenneubau in Hamburg handelt, zunehmende Bedeutung. 1647 wird schließlich das Michaeliskirchspiel gegründet, das zunächst von der Nikolaikirche abhängig bleibt. Schon bald bietet die Kirche nicht mehr genügend Platz.

Der erste Michel

Daher entsteht ab 1648 westlich der auf dem Krayenkamp gelegenen Kapelle ein neuer, stattlicher Kirchenbau, der 1661 eingeweiht wird. Der Altonaer Bildhauer und Architekt Christoph Corbinus errichtet diese erste große Michaeliskirche als dreischiffige Backsteinhalle mit Gewölben und polygonalem Chorabschluss. Der Westturm besitzt eine quadratische Grundform, über der sich ein hölzerner, mit Kupfer überzogener Turmhelm mit fließenden barocken Formen erhebt. Dieser von Peter Marquard entworfene Turmhelm wird 1669 vollendet.

DIE STADTANSICHT DES JOACHIM LUHN

Wie sehr die Michaeliskirche mit ihrem 123 Meter hohen Turm das Stadtbild verändert und bereichert, zeigt ein 1681 von Joachim Luhn geschaffenes Gemälde, auf dem Hamburg von der Elbe aus dargestellt ist: Im Vordergrund ist der Fluss mit dem Hafen zu sehen, vor den Wällen liegt der noch unbebaute Große Grasbrook, dahinter erheben sich aus dem Gewirr der Giebelhäuser die weithin sichtbaren Türme von St. Jacobi, dem Dom, St. Petri, St. Katharinen, St. Nikolai – und nicht weniger eindrucksvoll – als markanter westlicher Abschluss der Silhouette der Turm von St. Michaelis. Dieses ursprünglich für die Ratsstube gemalte große Stadtpanorama hängt seit 1819 für jedermann zugänglich im nördlichen Seitenschiff der Jacobikirche.

»Daröber mag sick Gott erbarmen«

Städtebaulich ist die mit einem regelmäßigen Straßensystem entstandene barocke Neustadt durch die Michaeliskirche deutlich aufgewertet worden. Dennoch schaut man von den alten Kirchspielen scheel herüber.

Sankt Petri de Riecken
Sankt Nicolai desglieken
Sankt Catharinen die Sturen
Sankt Jacobi de Buren
Sankt Michaelis de Armen
Daröber mag sick Gott erbarmen

So heißt ein alter, aber immer wieder gern zitierter Spruch. Er zeigt, dass die Einwohner der Kirchspiele unterschiedlichen Bevölkerungsgruppen angehören. Die Reichen leben in St. Petri, St. Nikolai und St. Katharinen. Mit »die Sturen« sind die Stolzen oder die Vornehmen gemeint. Bei »de Buren«, die für St. Jacobi genannt werden, handelt es sich um Bauern. Und die Neustadt mit dem Kirchspiel St. Michaelis ist vor allem ein Arme-Leute-Viertel. Dass hier überwiegend die ärmeren Schichten leben, hat auch mit der Beschaffenheit des Geländes zu tun: Auf dem Geestrücken kann man die traditionellen Kaufmannshäuser gar nicht erbauen, denn hier gibt es keine Fleete, die für den Transport der Waren in die Speicher unverzichtbar sind. Erst 1685 erlangt St. Michaelis den Rang eines gleichberechtigten Kirchspiels. Nun endlich erhalten die hier ansässigen Bürger dieselben Rechte wie die Bewohner der Altstadt.

Hamburg wird weltläufig:
Die Hansestadt im 17. und 18. Jahrhundert

»Die Elbe ist unser Strom«, meinen die Hamburger nicht ohne Grund, denn der Fluss bringt gewaltige Vorteile. Mit den großen überseeischen Entdeckungen ist der Zugang zum Atlantik entscheidend geworden. Der Ostseehandel und auch die Geschäftsverbindungen im Mittelmeerraum verlieren immer mehr an Gewicht und damit büßt auch die einst so mächtige Hanse Bedeutung ein. Über die Elbe erreichen zum Beispiel jene Hamburger Schiffe die Nordsee, die mit Getreide voll beladen Kurs auf die niederländischen, englischen und spanischen Häfen nehmen. Von keinem anderen kontinentaleuropäischen Hafen wird so viel Getreide exportiert wie von Hamburg.

Die Toleranz hat Grenzen

Damit das noch besser funktioniert, wird die Norderelbe reguliert, eingedeicht, kanalisiert und zum sicheren Schifffahrtsweg ausgebaut. Ende des 16./Anfang des 17. Jahrhunderts kommen zahlreiche Niederländer, die vor den spanischen Truppen aus ihrer Heimat fliehen, in die Hansestadt, in der sie sich eine neue Existenz aufbauen können. In Hamburg dürfen sie zwar leben, aber nur lutherisch glauben. Lutheraner können auch das Bürgerrecht erwerben, während Reformierte und Mennoniten ihre Gottesdienste ausschließlich im benachbarten Altona feiern dürfen. Dort ist man in Sachen Religion toleranter. Die niederländischen Neubürger, von denen viele zuvor in Antwerpen oder Brügge gute Geschäfte gemacht haben, bringen Hamburgs Handel gewaltig in Schwung, schließlich verfügen viele von ihnen über vorzügliche Geschäftskontakte. Außerdem sind begabte Handwerker unter ihnen, was vor allem der Textilindustrie zum Aufschwung verhilft. Auch Juden, die vor der spanischen Inquisition fliehen, finden in Hamburg eine neue Heimat, werden allerdings keine gleichberechtigten Bürger. Sie siedeln sich vor allem am Alten Damm, am Mönkedamm, am Rödingsmarkt und in der wachsenden Neustadt an, dürfen aber ihre Religion nur in privaten Häusern ausüben.

ENGLISCHE KAUFLEUTE GENIESSEN PRIVILEGIEN

Streng wacht die lutherische Geistlichkeit über die Reinheit der Lehre und sieht es daher gar nicht gern, dass sich 1567 erstmals Engländer in Hamburg ansiedeln – schließlich sind das Anglikaner. Doch die »Merchant Adventures«, so heißt die Vereinigung, zu der sich wagemutige englische Fernhandelskaufleute zusammengeschlossen haben, können seit 1611 weitgehend ungehindert und mit zahlreichen Privilegien ausgestattet ihren Geschäften nachgehen. Und diese erweisen sich für Hamburg als ausgesprochen lukrativ. Ein Großteil der englischen Wollstoffe, die überall in Deutschland hoch begehrt sind, werden nun über Hamburg eingeführt. An der Gröninger Straße entsteht das »Englische Haus«, wo die Engländer nicht nur ihre Kontore haben, sondern auch anglikanische Gottesdienste feiern und sogar selbst Recht sprechen dürfen. Für die Hanse ist das glatter Verrat, aber der mittelalterliche Städtebund hat sich ohnehin überlebt, jedes seiner Mitglieder bemüht sich, in der neuen Zeit zurechtzukommen, und Hamburg hat hier besonders gute Karten.

Kein Glück mit Glückstadt

Dass Hamburgs Handel über die Elbe floriert, bleibt natürlich auch dem dänischen König nicht verborgen. Christian IV., dem die Hamburger ohnehin nur widerstrebend als holsteinischem Landesherren gehuldigt haben, gründet 1616 etwas weiter elbabwärts mit Glückstadt einen Hafen, der Hamburg zur ernsten Konkurrenz zu werden droht. Mit großem Aufwand lässt er Stadt und Festung ausbauen und stattet sie mit Privilegien aus. Aus Portugal siedeln sich Juden an und fördern den Handel, doch die Blütezeit währt nur kurz. Nachdem Hamburg doch noch 1615 zur Freien Reichstadt erklärt wird,

Glückstadt sollte Hamburg Konkurrenz machen. Doch viel Glück hat sie
dem dänischen König Christian IV. (1588–1648) in dieser Hinsicht nicht gebracht. – Kupferstich von F. B. Werner und J. C. Leopold, 1728.

ist es Kaiser und Reich unmittelbar untertan und kann dem
dänischen Landesherrn mit noch größerem Selbstbewusstsein
gegenübertreten. Im September 1630 kommt es auf der Elbe
zu einem regelrechten Seekrieg: Nachdem der Dänenkönig
Christian IV. in Glückstadt von Hamburger Schiffen Zoll erhebt, schicken die Hamburger eine Kriegsflotte elbabwärts,
bringen vier dänische Schiffe auf und blockieren den Glück-
städter Hafen. Da auch der Kaiser für Hamburg Partei nimmt,
müssen die Dänen einlenken.

Altona wird zur Konkurrenz

Dafür beginnen sie Altona, das 1640 an den dänischen Gesamtstaat gefallen ist, zielstrebig zu fördern. 1664 erhebt König
Friedrich III. Altona zur Stadt und baut sie zum ersten nord-
europäischen Freihafen aus. Im 18. Jahrhundert erlebt die
zweitgrößte Stadt im dänischen Gesamtstaat eine wirtschaft-

liche Blütezeit, die auch kulturelle Folgen hat. Ende des 18./ Anfang des 19. Jahrhunderts macht der bedeutende Architekt Christian Friedrich Hansen aus der Palmaille eine klassizistische Prachtstraße. In Altona gibt es ein Commerz-Kollegium (ein Vorgänger der Handelskammer), mit dem Christianeum ein Akademisches Gymnasium, eine Bank und viele Handelshäuser. Die Religionsfreiheit zieht viele Einwanderer an, die in Hamburg diskriminiert werden: Juden und all jene Christen, die kein lutherisches Bekenntnis haben. Die Toleranz zahlt sich aus, die Geschäfte laufen vorzüglich und 1806 ist die Altonaer Flotte sogar deutlich größer als die von Hamburg: Während in der alten Hansestadt 258 Schiffe beheimatet sind, bringt es die Nachbarstadt, deren Name übrigens als »all to nah« (allzu nah) übersetzt werden kann, auf 296. Natürlich ist das Verhältnis zu Hamburg recht problematisch. Es gibt versteckten und offenen Streit, erst 1692 hat Hamburg das Altonaer Stadtprivileg anerkannt. Aber anders als im Fall von Glückstadt müssen die Hamburger die allzu nahe Konkurrenz auf Dauer akzeptieren.

Aber Konkurrenz belebt das Geschäft, und die Geschäfte laufen auch in Hamburg glänzend. Aus den Kolonien kommen Gewürze und exotische Produkte wie Kaffee, Kakao und Tee in

Altona auf einer Darstellung von Wilhelm Heuer. Im 18. und frühen 19. Jahrhundert war die Stadt, die zum dänischen Gesamtstaat gehörte, für Hamburg eine ernste Konkurrenz. – Lithografie, um 1850.

die Stadt, die reißenden Absatz finden. Direkt in die Neue Welt dürfen Hamburger Schiffe zwar nicht fahren, dieses Recht behalten sich die Kolonialmächte Spanien und Portugal selbst vor. Doch in deren europäischen Häfen, in Lissabon, Malaga, Sevilla, aber ebenso auf den Azoren, auf Madeira und den Kanaren, entstehen bald Hamburgische Handelsniederlassungen, die die begehrten Waren aufkaufen und per Schiff nach Norden transportieren.

Piraten nehmen Geiseln

Aber noch immer sind Piraten vor allem auf dem Mittelmeer eine Plage, die die Hamburger Geschäfte empfindlich stören. Als Barbaresken werden die nordafrikanischen Berber bezeichnet, die Schiffe kapern und deren Besatzungen als Geiseln nehmen. Auch das ist eine Art Geschäft, in dem alles seine Ordnung hat: Die Tarife für die Lösegeldzahlungen sind festgelegt, ein Kapitän oder ein Schiffsoffizier ist natürlich teurer als ein einfaches Mitglied der Mannschaft. Die 1622 eröffnete »Casse der

Die »Leopoldus Primus« (2. Schiff von links) sollte die Piraten das Fürchten lehren. Das Konvoischiff ging 1668 vom Stapel. – Detail einer Hamburger Stadtansicht, Gemälde von H. G. Stuhr, 1693.

Stück von Achten« erhöht die Chance der einfachen Hamburger Seeleute, freigekauft zu werden. Nachdem acht Hamburger Portugalfahrer auf einmal von algerischen Freibeutern gekapert worden sind, sieht sich der Rat endlich gezwungen, Gegenmaßnahmen einzuleiten – auch wenn diese ziemlich teuer sind. 1663 stimmt die Bürgerschaft dem Bau von Konvoischiffen zu, die die Hamburger Flotte künftig vor Überfällen schützen sollen. 1668 läuft die »Leopoldus Primus« vom Stapel, 1669 die »Wappen von Hamburg«. Die schnellen und wendigen Fregatten haben 54 Kanonen; zur Besatzung von mindestens 130 Matrosen kommen noch 60 bis 80 Soldaten dazu.

Opern mit frommen Texten

Mit wachsendem Wohlstand wächst auch das Bedürfnis nach Kultur. Am 2. Januar 1678 wird am Gänsemarkt ein Opernhaus eröffnet. Zur Einweihung gibt man sich ganz fromm, die Eröffnungsinszenierung ist ein Singspiel biblischen Inhalts mit dem Titel »Adam und Eva oder Der erschaffene, gefallene und aufgerichtete Mensch« von Johann Theile. Das von außen eher unscheinbare, im Inneren aber prächtig ausgestattete Opernhaus, das der italienische Architekt Girolamo Sartoria erbaut hat, verfügt über 2000 Plätze. Gespielt wird anfänglich nur zweimal pro Woche. Das Publikum ist begeistert, bekommt es doch spektakuläre Inszenierungen zu sehen: Eine komplizierte, damals hochmoderne Bühnenmaschine bewegt kunstvolle Dekorationen und ermöglicht erstaunliche Effekte. Zu den Initiatoren der ersten deutschen Oper, die nicht von einem Fürsten finanziert wird, gehört zwar mit Johann Adam Reinken auch der Organist von St. Katharinen, dennoch wittern Hamburgs lutherisch-orthodoxe Pastoren in dem weltlichen Unterhaltungsangebot Teufelsblendwerk. Um ihnen den Wind aus den Segeln zu nehmen, werden zunächst vor allem biblische Stoffe gespielt, deren Libretti vielfach Theologen verfasst haben. Die Finanzierung der Oper erfolgt fast ausschließlich über Eintrittskarten, wer es sich leisten kann, mietet eine Loge gleich fürs ganze Jahr.

NUR EIN KNOPF RETTET HÄNDELS LEBEN

Seit 1703 ist Georg Friedrich Händel am Hamburger Opern-orchester als zweiter Geiger und später auch als Cembalist tätig. Am 5. Dezember 1705 kommt es zu einem Ereignis, das die Karriere und das Leben des großen deutschen Barockkomponisten buchstäblich um ein Haar vorzeitig beendet hätte: Bei einer Aufführung der Oper »Cleopatra« von Johannes Mattheson entwickelt sich ein hitziger Streit. Eigentlich sind Händel und Mattheson gute Freunde, doch als Mattheson, der selbst die Rolle des Antonius gesungen hat, nach seinem Tod auf der Bühne in den Orchestergraben steigt, um die weitere Aufführung zu leiten, lässt Händel ihn nicht ans Cembalo.

Johannes Mattheson (1681–1764) war ein einflussreicher Hamburger Komponist, Musikschriftsteller und Musiker. Im Dezember 1705 duellierte er sich auf dem Gänsemarkt mit Georg Friedrich Händel – glücklicherweise folgenlos. – Schabkunstblatt von C. Fritsch, um 1720.

Ein Wort gibt das andere und nach dem Ende der Aufführung stehen sich die beiden als Duellanten auf dem Gänsemarkt gegen-über. Matthesons Degen trifft Händels Brust, und nur ein Knopf aus massivem Metall rettet dem später so berühmten Komponisten das Leben. Das Duell bleibt eine Episode, anschließend versöhnen sich die beiden Musiker wieder.

Die Bürger leisten sich fürstliche Gärten

Schon seit Mitte des 17. Jahrhunderts frönen die wohlhabenden Hamburger einer neuen Lust: Sie legen sich Gärten an, Refugien voller exotischer Pflanzen und Blumen. Gelegentlich blicken selbst Majestäten begehrlich in die Hansestadt. Der Große Kurfürst zum Beispiel, ein leidenschaftlicher Blumen- und Gartenliebhaber, lässt Anno 1682 bei dem Hamburger Kaufmann und Ratsherrn Caspar Anckelmann anfragen, ob er ihm aus seinem berühmten Garten einen Caneelbaum verkaufen könne. Anckelmann will auf das seltene Lorbeergewächs allerdings nicht verzichten und ist selbstbewusst genug, den kurfürstlichen Wunsch abschlägig zu bescheiden.

Heute wissen wir recht genau wie der Anckelmannsche Garten, der sich einst an der Poolstraße in der Nähe der Laeiszhalle befand, ausgesehen hat. Auf einer 1998 lokalisierten farbigen Vedute, die der auf Blumen spezialisierte Hamburger Maler Hans Simon Holtzbecker um 1669 geschaffen hat, ist der Garten zu sehen. Es ist eine klar gegliederte Anlage mit geometrischen Beeten, Laubengängen und geschnittenen Hecken, deren Konzeption sich kaum von der Gliederung fürstlicher Gärten in den barocken Residenzen Deutschlands unterschied.

Und Anckelmann ist keine Ausnahme, fast jeder reiche Hamburger strebt im 17. und 18. Jahrhundert danach, einen Garten anzulegen. Gärten sind ein gesellschaftlich wichtiges Thema. Sie dienen nicht nur der Repräsentation, sondern auch der Entspannung und Erbauung. Hier trifft man sich, geht spazieren, hört Musik und veranstaltet Theateraufführungen unter freiem Himmel. Wie wichtig der eigene Garten den reichen Hamburger Handelsherren ist, lässt sich sowohl an der Anzahl als auch am Gestaltungsaufwand der Anlagen ablesen. So schreibt der Wedeler Pastor, Dichter und Gartenliebhaber Johann Rist: »Hast Du Lust Fürstliche Gahrten zu sehen, so komm nur nach Hamburg. Da kann man nicht einen, nicht fünfe, nicht zehn, sondern dreißig, vierzig, fünfzig, welche mehrenteils den stattlichen Fürstlichen Gahrten wenig, ja wohl gar nichts nachgeben, zeigen.«

Der Aufwand, den die Hamburger mit ihren Gärten treiben, ist enorm hoch. Schließlich besitzen sie die nötigen Mittel, um teure, seltene und exotische Pflanzen zu erwerben. Hier erweist sich der Hafen als echter Standortvorteil. Geliefert werden Blumenzwiebeln und Pflanzen aus Holland, aber auch aus Übersee. Zu den Modeblumen zählen nicht nur Tulpen, für die man leicht ein Vermögen ausgeben kann, sondern zum Beispiel auch Anemonen.

Abgebrannt und neu gebaut: Der Michel

Am 10. März 1750 ereignet sich eine Katastrophe, die die Hamburger tief erschüttert: Bei einem heftigen Gewitter wird die Michaeliskirche vom Blitz getroffen. Der hölzerne Dachstuhl und der Turm fangen binnen kurzem Feuer, bald ist die ganze Umgebung von der Lohe in gespenstisch helles Licht getaucht. Noch viele Meilen elbabwärts können Seeleute, die mit ihren Schiffen den Hafen ansteuern, die Rauchsäule sehen. Dabei geht der Brand für die Stadt noch glimpflich ab, denn die Feuerwehr kann das Übergreifen der Flammen auf die benachbarten Häuser verhindern. Dennoch bewegt die Katastrophe die

Die Hauptkirche St. Michaelis, hier vom Turm der Ruine der Nikolaikirche aus gesehen, wird in Hamburg »Michel« genannt. Sie ist das wichtigste Wahrzeichen der Stadt.

Hamburger noch lange Zeit. Ist es die Strafe für ihr allzu weltliches Leben? Für einige Pastoren steht das außer Frage. Besonders wortgewaltig greift der Theologe Friedrich Wagner das Ereignis in seinen Predigten auf, indem er Hamburg mit den biblischen Sündenstädten Sodom und Gomorrha gleichsetzt.

Aber St. Michaelis bleibt nicht lange Ruine. 1751 erhalten die Architekten Leonhard Prey und Ernst Georg Sonnin den Auftrag für einen Neubau. Sie planen einen gewaltigen zentralisierten Raum, der von geschwungenen Emporen umschlossen wird und in nahezu idealer Weise den Erfordernissen des evangelischen Gottesdienstes entspricht. Nach dem Tod von Prey liegt die Verantwortung allein in den Händen von Sonnin, der den Turm 1786 vollendet. Mit dem bereits klassizistisch gestalteten Michelturm schenkt Sonnin der Hansestadt ihr bis heute wichtigstes Wahrzeichen. Um die neue Kirche zu finanzieren, baut man einen Gruftkeller, dessen Grabkammern verkauft werden können. Während die anderen Hauptkirchen in den 90er-Jahren des 18. Jahrhunderts immer mehr dazu übergehen, ihre Toten auf den neu angelegten Friedhöfen am Dammtor zu begraben, bietet sich das Gruftgewölbe im Michel als Alternative für all jene an, die nicht darauf verzichten wollen, in einer Kirche beigesetzt zu werden.

Die Patriotische Gesellschaft

Am 11. April 1765 gründen Gelehrte und Kaufleute im Börsensaal die »Hamburgische Gesellschaft zur Förderung der Künste und nützlichen Gewerbe«. Der Vereinigung, die bald Patriotische Gesellschaft genannt wird und unter diesem Namen bis heute besteht, gehören sowohl Akademiker als auch Geschäftsleute an. Über weltanschauliche und konfessionelle Grenzen hinweg bemühen sich die »Patrioten« um Fortschritt und Reformen, aber auch um die Förderung der Wissenschaften, der technischen Entwicklungen und der Künste. Die »Patriotische Gesellschaft« ist in Hamburg eine Keimzelle der Aufklärung und darüber hinaus ein wichtiger Faktor im geistigen Leben der Stadt.

Doch die Patrioten bleiben nicht allein, am 15. November 1789 gründet der Kaufmann Georg Ludwig Peitzner die Gesellschaft »Harmonie«. Auch deren Mitglieder sind vom Geist der Aufklärung beseelt, veranstalten Konzerte, bauen eine Bibliothek auf und rufen schließlich sogar eine Unterstützungskasse für verarmte Mitglieder und deren Kinder ins Leben.

Vom schnellen Geld kann in Hamburg schon seit 1770 geträumt werden: Am 8. Februar hat die Bürgerschaft, »um die Ausschleppung des Geldes durch fremde Collecteurs entgegenzuwirken«, die Einrichtung eines Zahlenlottos beschlossen. Am 17. Juni ist es endlich so weit: Am Gänsemarkt drängt sich eine dichte Menschenmenge, die atemlos verfolgt, wie zwei Waisenjungen fünf Zahlen ziehen, fünf aus 90.

MIT VIEL POMP INS JENSEITS

Der Aufwand, mit dem der Kaufmann, der Senator oder Reeder zu Grabe getragen wird, hat zu dieser Zeit so gar nichts mit hanseatischem Understatement zu tun. Schließlich soll sich darin die Bedeutung spiegeln, die der Verblichene zu Lebzeiten hatte. Kein Wunder also, dass die Leichenzüge der Hamburger Oberschicht in der zweiten Hälfte des 18. Jahrhunderts ziemlich pompös geraten. Manchmal fühlt sich gar die Obrigkeit zum Einschreiten veranlasst. Da Bürgermeister, Ratsherrn und städtische Bedienstete durch ihre Teilnahme allzu häufig von ihren täglichen Pflichten abgehalten werden, dürfen die Leichenzüge nur noch zwischen 20 und 22 Uhr stattfinden. Das führt allerdings dazu, dass der Luxus mit festlichen Beleuchtungen auf die Spitze getrieben wird. Bald stellt man das Läuten der Kirchenglocke, das mehrfache Umrunden des Kirchhofs und das Verwenden von mehr als 24 Leuchten unter Strafe. Viel ausgerichtet haben diese Verbote freilich nicht. Der Kunsthistoriker Semjon Aaron Dreiling schreibt in einer Untersuchung dazu: »Ein Verstoß wurde mit Luxusstrafen geahndet. Im Verlauf des 18. Jahrhunderts zeigte sich jedoch, dass die Übertretung des gesetzlich bestimmten Maßes der Oberschicht als Ehrensache galt. Allein im Jahre 1759 betrugen die verhängten Strafen 2642 Courantmark.«

Dichter kontra Hauptpastor

Am selben Ort erinnert seit 1929 ein Denkmal an den Dichter Gotthold Ephraim Lessing, der 1767 nach Hamburg gekommen ist, um am hiesigen Theater als Dramaturg zu wirken. Lessing findet in Hamburg gute Freunde und mit Eva König die Frau fürs Leben, hat aber beruflich nicht den erhofften Erfolg. Zwar wird sein Lustspiel »Minna von Barnhelm« 16-mal aufgeführt und mit der »Hamburgischen Dramaturgie« gelingt Lessing ein wichtiges Grundlagenwerk für die Schauspielkunst, dennoch verlässt der Dichter die Hansestadt schon 1770, um eine Stelle als Bibliothekar in Wolfenbüttel anzutreten. Doch seine Hamburger Zeit hat Folgen: 1774 beginnt Lessing mit der Publikation der Reimarus-Fragmente. Der 1768 gestorbene Philosoph, Theologe und Philologe Hermann Samuel Reimarus, der am Johanneum lehrte, war der vielleicht einflussreichste Aufklärer in Hamburg und ein Wegbereiter der wissenschaftlichen Bibelkritik. Die wissenschaftliche Beschäftigung mit der Bibel, heute für jeden Theologen eine Selbstverständlichkeit, gilt damals als

Seit 1881 erinnert das Lessing-Denkmal des Berliner Bildhauers Fritz Schaper auf dem Gänsemarkt an den Verfasser des »Nathan« und der »Hamburgischen Dramaturgie«.

gottlos und gefährlich. Die »Apologie oder Schutzschrift für die vernünftigen Verehrer Gottes« hat sich Reimarus nicht zu veröffentlichen getraut, nun besorgt Lessing das postum. Die Reaktion ist vorhersehbar: Es gibt heftige Proteste der lutherisch-orthodoxen Geistlichkeit. Besonders tut sich dabei Johann Melchior Goeze, Hauptpastor an St. Katharinen, hervor. Goeze beschränkt sich nicht nur auf den gelehrten Streit, sondern fordert auch noch die Behörden auf, gegen »den Samen der Rebellion« vorzugehen. Mit Erfolg: Lessings Braunschweiger Landesherr (und Arbeitgeber) verbietet die weitere Publikation. Doch Lessing gibt sich nicht geschlagen, sein »Anti-Goeze« wird zur Grundlage des fünfaktigen Dramas »Nathan der Weise«, das er 1779 veröffentlicht. Uraufgeführt wird dieser bis heute berührende Appell an die religiöse Toleranz nicht in Hamburg, sondern 1783 in Berlin.

Doch so ganz ohne Wirkung ist das Lessing-Drama mit seiner berühmten Ring-Parabel auch in Hamburg nicht geblieben. Zwei Jahre nach der Berliner Uraufführung verabschiedet die Bürgerschaft am 17. September 1785 ein »Reglement für die fremden Religions-Verwandten«. Dieses Toleranzedikt beendet die seit 1529 unangefochtene Dominanz der Lutheraner. Gegen den Protest der orthodoxen Geistlichkeit ermöglicht dieses Toleranzedikt konfessionellen Minderheiten in eingeschränktem Maß auch in Hamburg ihre Religionsausübung. Das betrifft vor allem Reformierte, aber ebenso Katholiken. Nicht betroffen sind – hier ist Lessing seiner Zeit weit voraus – die Juden, denen die freie Religionsausübung auch weiterhin verwehrt wird.

Die Französische Revolution wird gefeiert

Aber die Zeiten ändern sich und die Menschen spüren, dass althergebrachte Regeln keineswegs in alle Zukunft gelten müssen. Obwohl die Informationsübermittlung im späten 18. Jahrhundert noch vergleichsweise lange dauert, erfahren die Hamburger schon bald von den erstaunlichen Dingen, die sich im Juli 1789 in Frankreich ereignen. Die Konservativen sind besorgt, weil sie die alte Ordnung in Gefahr sehen, aber die geistige Elite der Stadt, zu der auch viele Kaufleute zählen, ist begeistert.

Am 14. Juli 1790, auf den Tag genau ein Jahr nach dem Sturm auf die Bastille, feiert Hamburg die Revolution: Georg Heinrich Sieveking, ein Kaufmann von liberaler Gesinnung, hat in seinen Garten in Harvestehude zu einem »Freiheitsfest« eingeladen. Ohne allzu viel über das konkrete Geschehen in Frankreich zu wissen, schwärmen die reichen Kaufleute, Grundbesitzer und Gelehrte – etwa 80 sind zu der Party erschienen – von der Revolution. Der Gastgeber hat sogar ein »Freiheitslied« gedichtet, in dem es heißt:

> »Freie Deutsche, singt die Stunde,
> Die der Knechtschaft Ketten brach.
> Schwöre Treu dem großen Bunde
> Uns'rer Schwester Frankreich nach.«

Die Hamburger Salonniere Sophie Reimarus, die zu den Gästen zählt, beschreibt die Begeisterung, mit der dieses Lied gesungen wird, wie folgt:

> »Erst sangen wenige im Chor mit, bald aber alle, und es war fast kein Auge ohne Thränen. Es war als ob ein Ton gerührt wurde, womit alles, alles einstimmte … Die Musik dauerte fort, die jungen Leute fingen an zu tanzen.«

Klopstock – der Hamburger Dichterfürst

Zu Sievekings Gästen zählt auch der Dichter Friedrich Gottlieb Klopstock, der seit 1770 in Hamburg lebt. Vor allem mit seinem biblischen Versepos »Messias«, das 1773 erstmals erscheint, hat er eine enorme Popularität im gesamten deutschen Sprachraum erreicht. Ende des 18. Jahrhunderts ist Klopstock der prominenteste Hamburger, ein lebendes Denkmal. Er wird so verehrt wie einige Jahrzehnte später Goethe in Weimar.

Kein Wunder also, dass sein Tod am 22. März 1803 die Menschen in Hamburg und weit darüber hinaus tief ergreift. Etwa 50 000 Menschen säumen den Weg des Trauerzugs, der

Das malerische Grab des Dichters Friedrich Gottlieb Klopstock (1724–1803) vor der Christianskirche in Hamburg-Ottensen ist ein beliebtes Ziel für Kulturtouristen.

an der Christianskirche in Ottensen sein Ziel erreicht. Auf dem 1759 angelegten Kirchhof, auf dem bereits Klopstocks erste Ehefrau Meta beigesetzt wurde, findet auch der Dichter seine letzte Ruhestätte. »Bey seiner Meta und bey seinem Kinde ruhet Friedrich Klopstock. Deutsche nahet mit Ehrfurcht und Liebe der Hülle eures größten Dichters« – diese Gedenkworte für den Grabstein stammen von Klopstocks Freund und Kollegen Graf Friedrich Leopold zu Stolberg-Stolberg (1750–1819). Heinrich Heine, der das Grab, das nicht weit von der Villa seines Onkels Salomon entfernt ist, mehrfach besucht hat, schrieb in Anbetracht der eigenen prekären Lage sarkastisch: »Unfern liegt Klopstock begraben. Ich kenne keine Gegend, wo ein toter Dichter so gut begraben liegen kann wie dort. Als lebendiger Dichter dort zu leben, ist schon weit schwerer.«

Bis ins frühe 20. Jahrhundert war Klopstocks Grab eine herausragenden Sehenswürdigkeit. Mitte des 19. Jahrhunderts meinte man gar Vorsorge treffen zu müssen, um die »heilige Stelle« auch nach einer etwaigen Elbüberschwemmung noch zweifelsfrei lokalisieren zu können. In einer Schilderung von Elise von Hohenhausen aus dem Jahr 1820 heißt es dazu:

»Professor Schumacher, ein ausgezeichneter Astronom, arbeitet jetzt daran, durch mathematische Messungen einen Grad von Hamburg bis Skagen zu messen. Wenn dies geschehen, so ist die Stelle, wo Klopstocks Gebeine ruhen, so genau zu bestimmen, dass im Fall einer zerstörenden Elbüberschwemmung sie wieder gefunden werden können.«

Kriege, Katastrophen und Umbrüche:
Von der Franzosenzeit bis zum Großen Brand

Manchem Hamburger kann es nicht schnell genug gehen: Nachdem der Reichsdeputationshauptschluss die Aufhebung der geistlichen Fürstentümer und Güter beschlossen hat, bekommt die Stadt endlich Zugriff auf das Domkapitel, das bis dahin exterritorial gewesen ist. Der Dom wird zwar schon lange auch für Verkaufsausstellungen und Jahrmärkte genutzt, ist aber ein Stachel im Fleisch der Stadt, ein weithin sichtbares Symbol dafür, dass es mitten in Hamburg einen Bereich gibt, der der Macht der Stadtregierung entzogen ist. Nun hört das endlich auf. Mit dem Zerfall des Heiligen Römischen Reichs Deutscher Nation ist Hamburg plötzlich ganz auf sich gestellt und mancher Kaufmann fragt sich sorgenvoll, ob es wirklich gelingen wird, Neutralität und Selbstständigkeit dauerhaft zu erhalten. Aber erst einmal nutzt man die Gunst der Stunde und schafft vollendete Tatsachen: Am 20. Januar 1804 beschließt der Rat den Abriss des Doms. Am 8. Mai beginnen die Arbeiten. Denkmalschutz ist damals unbekannt, wertvolle Kunstschätze und Dokumente werden verkauft, verschenkt oder gehen verloren. 1806 ist das großartige Bauwerk fast spurlos verschwunden und niemand scheint ihm eine Träne nachzuweinen.

Die Franzosen kommen als Besatzer

Die Menschen haben andere Sorgen, denn das neue Jahrhundert beginnt wenig verheißungsvoll. Im Spätherbst 1806, nachdem Napoleons Truppen die Preußen in der Schlacht bei Jena und Auerstädt vernichtend geschlagen haben, lernen die Hamburger, die durch zahlreiche Emigranten längst in Kontakt mit französischer Lebensart gekommen sind, Franzosen auf ganz andere Weise kennen: als Kriegsgegner. Am 19. November 1806 marschieren 2600 Soldaten in Hamburg ein, die unter dem Befehl von Marschall Eduard Mortier stehen. Die Franzosen müssen aufgenommen und verpflegt werden, was für viele Bürger enorme Lasten mit sich bringt. Vor allem aber ist die eben erst gewonnene Selbstständigkeit dahin, Hamburg wird fremdbestimmt und steht nun unter der Herrschaft des Gouverneurs Jean-Baptiste Bernadotte, der später als König Karl XIV. Johann von Schweden und Norwegen in die Geschichte eingehen wird.

AM GRASBROOK VERBRENNT MAN ENGLISCHE WAREN

Die Besatzungszeit erweist sich aber vor allem in wirtschaftlicher Hinsicht als verheerend. Denn die Kontinentalsperre, die Napoleon gegen England verhängt, ist für Hamburger Kaufleute schlicht eine Katastrophe. Gerade mit England sind die Kontakte äußerst eng, Hamburg ist der wichtigste Hafen für den zentraleuropäischen Englandhandel, der nun gänzlich zum Erliegen kommt. Englische Waren gelangen nicht mehr in die Stadt und wenn die Besatzer dennoch Produkte finden, die englischer Herkunft sind, werden sie gnadenlos konfisziert. Am 16. November 1810 verbrennen französische Soldaten auf dem Grasbrook englische Waren im Wert von einer halben Million Franc. Man kann sich die Stimmung, die unter den zahlreichen Zuschauern herrscht, gut vorstellen.

Die Besatzer reformieren die Verwaltung

Aber die Fremdherrschaft hat auch Vorteile, denn die Besatzer sind schließlich keine Barbaren, sondern Angehörige einer erfolgreichen und modernen Nation. In Hamburg, das 1811 auch formell dem französischen Kaiserreich einverleibt wird, gilt nun der Code Napoléon. Moderne Verwaltungsrichtlinien und effektiv arbeitende Behörden lösen die eigentlich ohnehin längst überlebte Bürokratie mit ihren überkommenen und manchmal schwer durchschaubaren Gesetzen und Verfahren ab. Der Rat wird aufgelöst und die republikanische Verfassung außer Kraft gesetzt, was das hanseatische Selbstbewusstsein schwer ankratzt, zugleich aber eine längst überfällige Modernisierung mit sich bringt.

Trotzdem verschlechtert sich die Lage der Bevölkerung mehr und mehr. Die Lebensmittel werden immer knapper und sind für viele Menschen kaum noch erschwinglich. Wie sollen sie auch Geld verdienen, wenn Wirtschaft und Handel am Boden liegen? Der Unmut der Bevölkerung ist groß, kein Wunder also, dass die Hamburger jubeln und sich gegen das verhasste Besatzungsregime erheben, als Befreiung in Sicht ist: Auf einmal haben es die Franzosen eilig, die Stadt zu verlassen. Am 18. März 1813 rücken 1400 russische Soldaten in Hamburg ein. Oberst Friedrich Karl Freiherr von Tettenborn, der Kommandant der Kosaken, wird als Befreier gefeiert. Man macht ihn sogar zum ersten Hamburger Ehrenbürger. Tettenborn setzt den früheren Rat wieder ein, gründet eine Hanseatische Legion, die gegen die Franzosen kämpfen soll und eine Bürgergarde, der die Verteidigung der Stadt obliegt. Das klingt alles gut und die Hamburger hoffen, dass nun die dunkle Zeit endgültig vorüber ist. Aber sie freuen sich zu früh, denn Tettenborn erweist sich als ziemlich unfähig und die Bürgergarde eher dekorativ als militärisch schlagkräftig. Als die Franzosen Mitte Mai erneut anrücken und von Harburg und Wilhelmsburg aus die Stadt beschießen, gibt es keine Gegenangriffe und keine wirksame Verteidigung.

Die Revanche der Franzosen

Am 29. Mai 1813 ziehen sich die Russen zurück und die französischen Truppen marschieren wieder ein – diesmal mit dem festen Vorsatz, die Stadt zu einer mächtigen, uneinnehmbaren Festung auszubauen. Dafür müssen 6000 Schanzgräben ausgehoben, Wälle aufgeschüttet und viele Häuser zerstört werden. Innerhalb von nur 83 Tagen erbauen 3798 deutsche Handwerker und 1800 französische Soldaten eine 4,1 Kilometer lange Brücke, die Harburg mit dem Grasbrook verbindet – das bis dahin größte Verkehrsinfrastrukturprojekt der Stadt. Nun lassen sich die Truppen innerhalb von kürzester Zeit verlegen.

EIN BITTERER WEIHNACHTSTAG

Ausgerechnet am bitterkalten Weihnachtstag 1813 werden 1800 Menschen in die Hauptkirche St. Petri getrieben, wo sie sich sammeln müssen, um anschließend die Stadt zu verlassen. Viele finden zwar in Altona Aufnahme, doch insgesamt 1138 der Ausgewiesenen sterben in den nächsten Wochen – vor allem Alte, Frauen und Kinder. Weihnachten 1813 gehört zu den traumatischen Daten der Hamburger Stadtgeschichte und gilt als Inbegriff der Willkür und Unmenschlichkeit der Besatzer während der Franzosenzeit. In den 1863 veröffentlichten Erinnerungen von Marianne Prell heißt es: »Solch ein Weihnachten, wie Hamburg damals sah, hat keiner von euch erlebt, und wird, so Gott will, kein Mensch in Hamburg je wieder erleben! Dass an keine Geschenke, an kein eigentliches Feiern gedacht werden konnte, versteht sich von selbst. Am Abend des 19. Dezember waren an der Alster all die schönen Gartenhäuser außerhalb des Dammtors abgebrannt; am 20. erhielten die Bewohner des Hamburger Bergs den Befehl, binnen vier Tagen (also zum Weihnachtsabend) ihre Häuser zu räumen; am 23. ward Hamm bis zur Kirche, auch das Schulhaus und die Predigerwohnung abgebrannt.« Auch die St. Pauli-Kirche, die 1682 für die Vorstadtsiedlung auf dem so genannten Hamburger Berg erbaut worden war und später dem weltberühmten Hamburger Vergnügungsviertel den Namen gab, steht den Franzosen im Weg. Um freies Schussfeld zu bekommen, brennen sie die Kirche kurzerhand ab.

Was zählt, sind allein militärische Interessen, auf die Belange und Bedürfnisse der Hamburger nehmen die Besatzer kaum noch Rücksicht. Was das freie Schussfeld behindert, wird rücksichtslos weggerissen. Ganze Vorstädte sinken in Schutt und Asche. Mit Ausnahme des Michels werden in den Kirchen Pferdeställe eingerichtet, Gottesdienste können nun nur noch in privaten Häusern und in Schulen wie dem Johanneum gefeiert werden.

Für ihre »Unbotmäßigkeit« müssen die Hamburger jetzt bitter bezahlen, und zwar im wörtlichen wie im übertragenen Sinn: Napoleon, der gesagt haben soll, mit Geld ließen sich Kaufleute am schmerzhaftesten strafen, verfügt eine Geldbuße

Zu Weihnachten 1813 ließ die französische Militärverwaltung die mittellosen Bürger aus der Stadt vertreiben. Diese Lithografie stellt das traumatische Datum der Hamburger Stadtgeschichte dar.

in Höhe von 48 Millionen Franc. In Hamburgische Währung umgerechnet sind das damals 25 Millionen Mark banco, ein unvorstellbarer Betrag, den die Stadt unmöglich aufbringen kann. Nachdem das sogar die Besatzer eingesehen haben, halten sie sich am Barbestand der Hamburger Bank schadlos und transportieren deren gesamte Einlagen in Höhe von 7,5 Millionen Mark banco ab.

Hamburg hat noch etwa 55 000 Bewohner, hinzu kommen noch einmal 42 000 französische Soldaten. Die Versorgung wird immer schwieriger, denn die Lebensmittelvorräte gehen zur Neige. In dieser Situation verfügt der französische Kommandant, dass alle Hamburger, die nicht nachweisen können, bis Juli 1814 über genügend Lebensmittel und Brennholz zu verfügen, die Stadt zu verlassen haben. Pro Tag muss jede Person ein Pfund Korn oder Mehl, $\frac{3}{8}$ Pfund Fleisch, $\frac{1}{2}$ Pfund Gemüse sowie eine gewisse Menge Holz oder Torf als Brennmaterial vorweisen. Wer das kann, ist wohlhabend, aber viele reiche Bürger haben die Stadt ohnehin verlassen.

Davout will die Niederlage nicht wahrhaben

Dabei sind die Tage der Napoleonischen Fremdherrschaft längst gezählt. In der Leipziger Völkerschlacht haben die Franzosen am 18. Oktober 1813 eine vernichtende Niederlage erlitten und jeder weiß, dass sie sich auch in Hamburg nicht mehr lange werden halten können. Aber Louis Nicolaus Davout, Hamburgs französischer Gouverneur, will das nicht wahrhaben und ist entschlossen, die Hansestadt mit aller Kraft zu verteidigen. Von Januar bis März 1814 toben Kämpfe um Eppendorf, Hamm, Ochsenwerder, Moorwerder und Moorburg, bei denen beide Seiten hohe Verluste erleiden. Längst hat sich die Weltlage geändert, Boten bringen dem Gouverneur die Nachricht, dass am 14. April alliierte Truppen in Paris einmarschiert sind. Auch als Napoleon längst abgedankt hat und nach Elba verbannt ist, will Davout nicht aufgeben. »Ein Mann von Ehren betrachtet sich nicht seines Eides entbunden, weil sein Souverän Unfälle erlitten haben kann«, gibt er zu Protokoll.

Während der »Franzosenzeit« wurden die meisten Hamburger Kirchen als Lagerhallen oder Pferdeställe zweckentfremdet. Diese Lithografie zeigt den Innenraum von St. Petri im Jahr 1814.

Doch mit Sturheit allein kann der Gouverneur die neue Zeit nicht aufhalten. Im Mai muss er sich der Realität schließlich doch stellen und Hamburg aufgeben. Nachdem am 31. Mai die letzten Besatzer die Stadt verlassen haben und die Hamburgische Bürgergarde zusammen mit russischen Truppen einmarschiert ist, jubeln die Menschen auf den Straßen.

Die Zeit wird zurückgedreht

Hamburg ist zwar nun wieder frei, verpasst aber die Chance, die durch die Franzosen eingeführten Modernisierungen dauerhaft zu sichern. Stattdessen versucht man, die Zeit zurückzudrehen: Die alte Verfassung von 1712 wird wieder eingeführt und von nun an haben die Bürgerlichen Kollegien wieder das Sagen. Aber es ist nicht wirklich alles beim Alten, denn nun werden die Forderungen des Bürgertums nach politischer Mitwirkung lauter. Noch 1814 wird eine Reformdeputation aus 20 Bürgern gewählt, die sich um eine zeitgemäße Verbesserung der Verfassung bemühen soll – was zum Beispiel die für ihre konservative Haltung bekannten Oberalten für überflüssig, wenn nicht gar für schädlich halten. Vorläufig müssen sie aber um ihre angestammte Rolle kaum fürchten. Im Gegenteil: 1828 feiert Hamburg das 300-jährige Bestehen seiner Bürgerlichen Kollegien mit so viel Begeisterung, als gäbe es auch in Zukunft nichts zu verändern. Dabei ist das 19. Jahrhundert in Wahrheit eine Epoche großer Umwälzungen, und das kann auf Dauer auch an Hamburgs Verfassungsordnung nicht spurlos vorübergehen.

Doch zunächst verändert sich nur die Diskussionslage: Nach der Revolution von 1848 werden die Stimmen, die eine volle Teilhabe an den politischen Entscheidungen fordern, immer lauter. In seiner Schrift über die Geschichte der Oberalten schreibt Kurt Meissner über die nun folgende Entwicklung: »Wieder wurde 1849 eine kleine Kommission eingesetzt, wieder meldeten sich die Alt-Konservativen zu Wort, und als ihr Fürsprecher traten die Oberalten auf, die jede Form der Vertreterwahl bekämpften. Sie glaubten, dass die Bürger mit dem unmittelbaren Stimmrecht einen wesentlichen Teil der von unseren Altvorderen erworbenen Freiheit verlieren würden. Sie hielten deshalb eine Repräsentativ-Verfassung nicht etwa für einen Fortschritt, sondern für einen entscheidenden Rückschritt, ›dem nur entfernt das Wort zu reden ehrbare Oberalte nicht würden verantworten können.‹«

Mit ehrbarer Tradition allein lassen sich, wie bald deutlich wird, neue und zeitgemäße Ideen nicht mehr aufhalten. Im Sommer 1859 nehmen Rat und Bürgerkonvent eine neue Verfassung an, die 1860 in Kraft tritt und mit einer mehr als 300-jährigen Tradition bricht: Von nun an wird die Bürgerschaft repräsentativ gewählt, die Bürgerlichen Kollegien werden als politische Gremien abgeschafft und die Trennung von Staat und Kirche vollzogen.

Aufschwung der Wirtschaft

Blicken wir aber noch einmal zurück auf das Ende der Franzosenzeit. Wirtschaftlich geht es in Hamburg nun spürbar aufwärts: Mit dem Wegfall der Kontinentalsperre kommt der Handel wieder in Gang, im Hafen löschen wieder Schiffe aus England ihre Ladungen, die Börse wird wieder eröffnet und schon am 8. Juni 1814 tritt auch die Hamburger Bank zurück ins Geschäftsleben. Jetzt muss Frankreich Wiedergutmachung leisten: 1816 zahlen die Franzosen 5,2 Millionen Mark banco Ausgleich für die beschlagnahmten Hamburger Gelder. Am 8. Juni 1815 wird Hamburg auf dem Wiener Kongress zum Gründungsmitglied des Deutschen Bundes, der Nachfolgeinstitution des Heiligen Römischen Reichs Deutscher Nation.

Aus England kommen nun in immer größerer Zahl auch Waren, die maschinell hergestellt werden. Wie sehr Maschinen das Leben der Menschen verändern werden, können sie damals nur ahnen.

DER ERSTE DAMPFER

Es gibt Situationen, in denen sich die neue Zeit unübersehbar in Szene setzt. Am 17. Juni 1816 ist ein solcher Tag: Tausende sind zum Hafen geströmt, um ein Wunder mit eigenen Augen zu sehen, ein fremdartiges Wasserfahrzeug unter englischer Flagge, ein Schiff mit Dampfantrieb. »Lady of the Lake« heißt das erste dieser technischen Wunderwerke, die bald in größerer Zahl auf der Elbe zu sehen sein werden und qualmend und pfeifend ehrfürchtiges Staunen und Bewunderung auslösen. Dampfschiffe sind zuverlässiger und durch ihren Antrieb weniger witterungsabhängig als Segler, was manche Reeder schnell als Vorteil erkennen. Aber die Technik ist noch nicht ausgereift: Die »Lady of the Lake«, die nun im Liniendienst das Seebad Cuxhaven mit der Hansestadt verbindet, braucht zwar elbaufwärts nur neun und elbabwärts sieben Stunden – deutlich weniger als ein Segler –, aber rentabel ist der Betrieb trotzdem nicht. 1817 wird die Linie wieder eingestellt. Dafür verbindet schon ab Juni 1818 »de Smöker« als Dampffähre Hamburg mit Harburg.

Neue Liegeplätze für neue Schiffe

Zur Euphorie gegenüber der Dampftechnik gesellt sich aber auch Skepsis, zumal sich die Gefahren noch nicht abschätzen lassen. Daher verlegt die um das Heil der stets feuergefährdeten Segelschiffe besorgte Hafenverwaltung die Dampfschiffe in sichere Entfernung vom Haupthafen elbabwärts vor die Schanze Jonas. Dort bekommen die Schiffe einen besonderen Liegeplatz, an dem sie Steinkohle bunkern können. Zwei 1837 installierte Pontons ermöglichen den Passagieren einen bequemeren Ein- und Ausstieg und den Schiffsführern ein weitgehend gefahrloses An- und Ablegen.

Gar nicht so weit von Elbe und Hafen entfernt hat sich schon seit dem 18. Jahrhundert ein Vergnügungsviertel gebildet – allerdings außerhalb der Stadtmauern auf dem Terrain vor dem Millerntor, wo allerlei Schausteller ihre hölzernen Buden errichtet haben. Am Spielbudenplatz gibt es für das Publikum Erstaunliches zu sehen: wilde Tiere hinter Gittern,

Seiltänzer, Gaukler, leibhaftige Riesen und Zwerge, Wahrsager, Taschenspieler – und natürlich leichte Mädchen.

Wer bei so viel Unterhaltung die Zeit vergisst, hat freilich das Nachsehen, denn nach Einbruch der Dunkelheit wird das Millerntor geschlossen. Nachtschwärmer, die dann noch hineinwollen, werden kräftig zur Kasse gebeten – ein misslicher Umstand, der erst zu Silvester 1860 mit der Aufhebung der Torsperre endet.

Ein Paradies für Nachtschwärmer

Als General Douvout freies Schussfeld haben wollte, ließ er am 3. Januar 1814 auch die gesamte Vorstadt St. Pauli niederreißen. Binnen drei Tagen brannten 484 Gebäude und 297 Holzbuden ab. Doch nachdem die Franzosen, die während der Besatzung übrigens die Prostitution legalisierten und ärztlich überwachen ließen, im Mai abgezogen sind, wird das Amüsierviertel größer und schöner als je zuvor wieder aufgebaut. Es gibt neue Attraktionen wie die Camera obscura und die bewährten Schlangenbeschwörer, Tierbändiger und Bauchredner, von den Bordellen ganz zu schweigen. Nun entstehen auch Tanzsäle und Theater, zumeist nicht mehr als Holz-, sondern als Steingebäude errichtet mit klassizistischen Fassaden. Beliebt sind der »Circus Gymnasticus« oder das »Joachimsthal«, in dem 2500 Menschen Platz finden, das »Elysium« oder auch das 1842 gegründete und bis heute bestehende St.-Pauli-Theater.

Überhaupt wird in der Stadt nun viel in klassizistischem Stil gebaut. Carl Ludwig Wimmel, ein gebürtiger Berliner, der bei dem berühmten Architekten Friedrich Weinbrenner in Karlsruhe gelernt hat und 1842 sein Amt als Hamburger Baudirektor antritt, errichtet den Neubau der St.-Pauli-Kirche auf dem Pinnasberg, baut am Johannisbollwerk die Evangelisch-reformierte Kirche. In klaren klassizistischen Formen werden auch die neuen Häuser an der Esplanade und am Neuen Jungfernstieg erbaut. Wimmels bekanntestes Werk ist jedoch die neue Börse am Adolphsplatz, die er 1837 bis 1841 gemeinsam mit Gustav Joachim Forsmann ausgeführt hat.

Die Feuerwehr ist machtlos: Der Große Brand 1842

Noch kein Jahr ist seit Einweihung des stattlichen Börsengebäudes vergangen, als Hamburg von der bis dahin größten Katastrophe heimgesucht wird. Der 5. Mai 1842 ist ein heißer Tag, dem eine ungewöhnlich warme Nacht folgt. Die Stadttore sind längst geschlossen und die meisten Hamburger schlafen. Die Uhr der nahe gelegenen Nikolaikirche schlägt gerade zur ersten Stunde, als im Haus Deichstraße 42 ein Feuer ausbricht.

»Fü-er! Fü-er in de Diekstraat!« schreit der Nachtwächter und schon kurze Zeit später rückt die Feuerwehr an, für die es diesmal aber kein Routinefall wird. Die Männer an der Spritze pumpen immer mehr Wasser aus dem Fleet, bekommen die Flammen aber nicht mehr unter Kontrolle. Bald greifen sie auf die benachbarten Speicher über, in denen Lack und Gummi lagern. Gegen fünf Uhr züngeln die Flammen schon über das Deichstraßenfleet hinweg und bedrohen die Häuser in der Steintwiete.

Der Spritzenmeister weiß genau, was er jetzt eigentlich tun muss: Er hat gelesen, dass es seinen Kollegen in New York und in Charleston mit Sprengungen von Häusern gelungen ist, den Flammen Einhalt zu gebieten. Inständig bittet er den Polizeisenator Binder, einige der in der Windrichtung gelegenen Häuser sprengen zu dürfen. Nur so ließe sich die Ausbreitung des Brandes stoppen. Aber Binder und auch die Mitglieder der Deputation der Feuerkasse lehnen das ab. Warum? In völliger Verkennung der wirklichen Lage befürchten sie hohe Entschädigungsforderungen der betroffenen Hausbesitzer. Obwohl die 1150 Hamburger Feuerwehrleute mit 34 Land- und elf Schiffsspritzen gut ausgestattet sind und Menschenmögliches leisten, können sie die Katastrophe nun nicht mehr aufhalten. Bald entsteht Chaos. Es gibt Zuständigkeits- und Kommunikationsprobleme.

Aber schon als die Flammen am Vormittag ein riesiges Gebiet erfasst haben, wollen noch immer nicht alle Hamburger den Ernst der Lage erkennen: Ist es protestantisches Gottvertrauen, Ahnungslosigkeit oder sträfliche Ignoranz? Als sei nichts geschehen, findet am Mittag dieses Himmelfahrtstages

Der Große Brand vom Mai 1842, dem auch die Hauptkirche St. Nikolai zum Opfer fiel, gehört zu den großen Katastrophen der Hamburger Geschichte. – Lithografie von Peter Suhr.

in der Nikolaikirche ein Gottesdienst statt. Während die Gemeinde singt und der Pastor zu predigen angefangen hat, beginnt der Kirchturm bereits zu brennen. Dann sind Schreie zu hören, Panik greift um sich, überstürzt verlassen die Menschen die Kirche. Für die Rettung der Kirchenschätze ist es nun längst zu spät. Um 17.30 Uhr bricht die altehrwürdige Hauptkirche brennend in sich zusammen.

Die Genehmigung zur Sprengung kommt viel zu spät

Ungefähr zur selben Zeit – und damit gleichfalls viel zu spät – gestattet der Rat schließlich die gezielte Sprengung einzelner Häuser. Das Rathaus an der Trostbrücke fliegt in die Luft. Und am Graskeller scheinen die Sprengungen tatsächlich Erfolg zu haben, doch dann facht der Wind die Flammen erneut an und treibt sie Richtung Jungfernstieg. Dort haben die Sprengmeister ihre Ladung schon im Gebäude von »Streit's Hotel« angebracht und – mit ausdrücklicher Genehmigung des Besitzers – auch im benachbarten Wohnhaus von Salomon Heine, dem Onkel des Dichters Heinrich Heine.

Viele Hamburger verfolgen fassungslos, wie der Jungfernstieg in Trümmer gelegt wird. Doch die Flammen fressen sich weiter Richtung Pferdemarkt vor. Während noch die Feuerwehr und viele auch von außerhalb herbeigeeilte Helfer mit großem Einsatz, aber weitgehend unkoordiniert gegen das mächtige Feuer kämpfen, kommen schon die Plünderer. Sie rauben nicht nur die bereits leer stehenden Gebäude aus, sondern vertreiben sogar die Bewohner einiger Häuser, indem sie sich als Angehörige von Sprengkommandos ausgeben. Einige dringen in das Haus an der Ecke Alter Wall / Großer Burstah ein. Dort bedienen sie sich in einem Weinlager und betrinken sich so lange, bis das Gebäude brennend zusammenstürzt.

Den Rettungskräften gelingt es wenigstens, die neue Börse zu schützen. Aber aufhalten lässt sich das Feuer nicht mehr. Vom Wind getrieben breitet es sich weiter aus und kommt erst am Glockengießerwall zum stehen.

Am Morgen des 8. Mai, als die unmittelbare Gefahr vorüber ist, wird mit der Registrierung der Schäden begonnen: 51 Tote (eine erstaunlich geringe Zahl) und 130 Verletzte, 20 000 Menschen – etwa jeder fünfte Hamburger – haben ihre Wohnungen verloren. St. Nikolai, St. Petri, die Gertrudenkapelle, zwei Synagogen, historische Gebäude wie das alte Rathaus und die alte Börse, 1750 Häuser und 100 Speicher sind zerstört worden. Allein die Schäden an den Gebäuden, die ausnahmslos bei der Hamburger Feuerkasse versichert sind, betragen 135 Millionen Courant-Mark.

SÜNDENBÖCKE SIND SCHNELL GEFUNDEN

Stellt sich die Frage, wer das alles verschuldet hat. Bis heute ist die Brandursache nicht geklärt. Waren es englische Handwerker, die zu dieser Zeit am Grasbrook eine Maschinenfabrik errichteten? Zumindest für einige ihrer Hamburger Kollegen, denen die britische Konkurrenz ein Dorn im Auge ist, scheint die Sache schnell klar zu sein. Es kommt zur Lynchjustiz, mindestens ein Mensch wird dabei getötet, zehn andere kommen schwer verletzt davon.

Hilfsgelder aus aller Welt

Die Nachricht vom Großen Brand verbreitet sich in kurzer Zeit. Bald reisen die ersten »Katastrophentouristen« an. Und Maler, die ihre Ruinenmotive bisher gern in Italien gesucht haben, finden sie jetzt in der zerstörten Hansestadt. Doch zugleich gibt es eine fast unvorstellbar große Anteilnahme. Hilfsgelder kommen aus allen Teilen Deutschlands und fast allen europäischen Staaten, aber auch aus den USA und Mexiko, Kuba und Brasilien sowie Afrika und Asien. Vor allem diejenigen Regionen, mit denen Hamburg Handelsbeziehungen unterhält, schicken Spenden. Insgesamt kommen dabei 6,9 Millionen Mark zusammen.

Während sich die Hansestadt unter anderem mit Gedenkmedaillen, die aus der Bronze geschmolzener Kirchenglocken hergestellt werden, bei den großherzigen Spendern bedankt, entwickelt sich in der Stadt ein schwunghafter Handel mit Erinnerungsstücken: Künstler und Verlage bringen Branddarstel-

Kaum war das Feuer im Mai 1842 gelöscht, kletterte Hermann Biow auf das Dach der Börse und nahm dieses weltweit erste Reportagefoto auf. Es zeigt die Ruinen am Jungfernstieg und den Blick zur Lombardsbrücke.

lungen auf den Markt. Zu haben sind aber auch Gedenkmünzen, Kaffeetassen, Schnupftabakdosen mit gemalten Brandmotiven sowie authentische Brandandenken, etwa ein Satz geschmolzener Untertassen.

DAS WELTWEIT ERSTE REPORTAGEFOTO

Wenige Tage nach dem Brand klettert Hermann Biow mit einem seltsamen Apparat auf das Dach der Börse. Oben angekommen, betrachtet er die rauchenden Ruinen, die ihn auf allen Seiten umgeben. Biow sieht den Jungfernstieg mit seinen Ruinen, wo jetzt die verkohlten Stümpfe der alten Linden anklagend in den Himmel ragen. Am Horizont erkennt er die Mühle an der Lombardsbrücke – bis dahin hat das Feuer gewütet, das bald nur noch der Große Brand genannt werden wird.

Biow hantiert an seinem hölzernen Apparat und bringt ihn in Richtung Jungfernstieg in Stellung. Was er jetzt tut, wird in die Geschichte eingehen – zumindest in die Geschichte der Fotografie.

So etwa dürfte es gewesen sein, als die erste Hamburg-Fotografie entstand, die zugleich als weltweit erstes Reportagefoto gilt. Am 2. Juni 1842 ist im angesehenen »Hamburger Correspondenten« zu lesen, Hermann Biow habe es sich zur Aufgabe gemacht, »die noch rauchenden Ruinen zu durchwandern, und ehe die Notwendigkeit die noch stehenden großartigen Trümmer umstürzte, hat er dieselben nach allen Richtungen auf seine Silberplatte fixiert und so eine historisch unschätzbare Sammlung hervorgerufen und als treue Abdrücke der Natur den späteren Zeiten ein wahrhaftes Bild der Verwüstung zeigen wird, die das furchtbare Element an jenen für Hamburgs Geschichte ewig denkwürdigen Schreckenstagen anrichtete.«

Von den 46 Daguerreotypien dieser Brandserie blieben leider nur drei Aufnahmen erhalten, eine im Museum für Hamburgische Geschichte, zwei in der Fotosammlung des Museums für Kunst und Gewerbe.

Neue Ansprüche, neue Zeiten:
Von 1843 bis 1918

Kaum dass sich der Rauch des Großen Brandes verzogen hat, beginnen schon die Planungen für den Wiederaufbau des 42 Hektar großen Areals. Niemand wird es gesagt haben, aber der eine oder der andere unter Hamburgs Ratsherren dürfte schon auf den Gedanken gekommen sein, dass die Katastrophe auch positive Folgen hat. Denn nun, da die viele Jahrhunderte alten engen Straßen und Gassen mit ihren verwinkelten Bauwerken zerstört sind, besteht die Chance, aus Hamburg eine völlig neue, eine moderne Stadt zu machen. Gerade weil so viel zerstört ist, hat die »Technische Kommission«, der neben dem Baudirektor Carl Ludwig Wimmel u. a. auch der englische Ingenieur William Lindley und der Architekt Alexis de Chateauneuf angehören, überhaupt erst die Möglichkeit für ein zukunftsweisendes Gesamtkonzept.

Von venezianischer Anmut: Die Alsterarkaden gehören zu den Spitzenleistungen der »Nachbrandarchitektur«.

Hamburg wird zur modernen Stadt

Anstelle der engen Gassen können nun großzügige Straßen und Plätze angelegt werden. Mit der »Nachbrandarchitektur« erhält Hamburg zudem ein klassizistisches Gepräge von maßvoller Schönheit. Nach Plänen von Lindley entsteht später auch ein zentrales Wasserversorgungs- und Sielsystem. Das Zentrum wird nun von der Trostbrücke in den Bereich zwischen der Börse und der Binnenalster verlegt. Im Anschluss an die Börse zur Binnenalster hin soll das neue Rathaus erbaut werden, das Areal davor, das an die Kleine Alster grenzt, wird als Rathausmarkt geplant. Schon bald verleihen die von Chateauneuf erbauten Alsterarkaden mit ihren Bögen und hellen Fassaden dem neuen Herzen der Stadt ein großzügiges Gepräge von fast venezianischer Anmut. Das gleichfalls von diesem Architekten nach florentinischem Vorbild als Backsteinbau errichtete Stadtpostamt hat auf seinem Turm einen Zeigertelegraphen, der mit gleichartigen Stationen in Sichtkontakt steht und auf diese Weise eine Nachrichtenverbindung bis zur Elbmündung in Cuxhaven herstellt. So richtig lohnt sich der Aufwand allerdings nicht, denn die Technik entwickelt sich schneller als gedacht. Der erst im Juli 1848 eingeweihte Zeigertelegraph wird schon am 15. Oktober durch einen damals hochmodernen Morsetelegraphen abgelöst, der unabhängig von Tageszeit und schlechter Sicht zuverlässig Nachrichten übermitteln kann.

Der Große Brand liegt nun schon fünf Jahre zurück, und die Stadt hat sich enorm verändert. Immer mehr neue Gebäude bestimmen das Stadtbild, das nun viel planvoller und großzügiger anmutet als noch zu Beginn des Jahrzehnts. Nie zuvor haben sich die Dinge so schnell geändert wie in dieser bewegten Zeit. Doch es ist auch eine unruhige Zeit. Im Juni 1847 gibt es Tumulte auf dem Schaarmarkt. Arbeiter, kleine Handwerker, Tagelöhner und die immer zahlreicher werdenden Arbeitslosen protestierten aufgebracht gegen gestiegene Preise für die Grundnahrungsmittel Kartoffeln und Brot. Schließlich greift die Polizei ein und beendet den Hamburger »Kartoffelkrieg« mit Gewalt. Damit sind die Probleme aber nicht gelöst, sondern nur vertagt.

Carl Hagenbeck – ein Fischhändler mit neuen Ideen

Im Frühjahr 1848 liegt zwar Spannung über der Stadt, doch am sonnigen 8. März ist davon nicht viel zu spüren. Im Hafen, wo die Masten der vielen Segelschiffe wie ein dichter Wald in den Himmel ragen, herrscht die übliche Betriebsamkeit. Lebhaft geht es auch auf dem Hamburger Berg zu. Hier, auf dem Spielbudenplatz, stellen allerlei Gaukler ihr Können zur Schau. Doch einer dieser Schausteller ist heute neu, und er unterscheidet sich auch von all dem fahrenden Volk, denn er ist ein grundsolider Hamburger Kaufmann und eigentlich hat ihn nur der Zufall hierher geführt. Gottfried Claes Carl Hagenbeck, Fischhändler auf St. Pauli, steht ziemlich zufrieden neben zwei hölzernen Bottichen, in denen sich sechs Seehunde tummeln. Zufrieden ist er, weil sich seine Idee offenbar als glücklich erweist: Die Leute stehen Schlange, bezahlen jeweils einen Schilling Eintritt und bestaunen die Seehunde, mit denen er im ersten Moment gar nichts anzufangen gewusst hat. Hagenbeck kauft eigentlich nur Aal und den begehrten Stör. Mit einigen Fischern hat er aber einen Vertrag, dass sie ihm alles abliefern, was ihnen in die Netze gegangen ist. Und so haben sie ihrem Auftraggeber kontraktgemäß auch die sechs Seehunde geliefert, die sie eines Tages als Beifang mit an Bord gezogen haben. Seehunde kann man zwar nicht essen, aber vielleicht gegen Geld zur Schau stellen, hat sich Hagenbeck gesagt, freilich ohne zu ahnen, welche Folgen diese Idee haben würde. Von nun an werden Hagenbeck und vor allem sein Sohn Carl, der 1859 als Fünfzehnjähriger ins Geschäft einsteigt, sich immer stärker dem Tierhandel widmen. Sie kaufen exotische Tiere, stellen sie zum Teil selbst aus und verkaufen sie an Menagerien und die Zoologischen Gärten, die seit Mitte des 19. Jahrhunderts in vielen europäischen und amerikanischen Großstädten gegründet werden. Das Unternehmen Hagenbeck umfasst später nicht nur den Tierhandel, sondern auch Zirkusse und seit 1907 den berühmten Tierpark in Stellingen, in dem erstmals in der Welt wilde Tiere ohne Gitter auf so genannten Panoramen gehalten werden, die ihrer natürlichen Umwelt nachempfunden sind.

Das Volk will Veränderungen

Aber zurück ins Revolutionsjahr 1848: Wie überall in Deutschland fordern auch in Hamburg die Bürger demokratische Reformen. Es kommt zu Demonstrationen und Tumulten. Am 9. Juni stürmt eine aufgebrachte Menge das Torgebäude am Steintor und zündet das Wachhaus an. Die Menschen verlangen eine neue Verfassung und die Wahl einer repräsentativen Volksvertretung wie überhaupt die Modernisierung des überkommenen politischen Systems. Die Proteste richteten sich aber auch gegen unzeitgemäße Beschwernisse des Alltags wie etwa die Torsperre. Zunächst sieht sich der Rat gezwungen, sich mit diesen Forderungen auseinanderzusetzen, doch nachdem die konservativen Kräfte 1849 wieder gestärkt sind, bleibt zunächst alles beim Alten.

Aber der Eindruck täuscht, denn die Zeiten ändern sich. Überall zieht nun neue Technik ein: Die erst so fremd und gefährlich erscheinenden Dampfschiffe werden immer zahlreicher. Am 29. Mai 1850 nimmt die Reederei Robert M. Sloman ihren ersten Überseedampfer in Betrieb. Die »Helene Sloman«, die nach der Tochter des Reeders benannt ist, hat zwar sicherheitshalber auch noch Segel, doch ihre beiden 180 PS starken Maschinen machen das Schiff unabhängig von günstigen Winden und sehr viel schneller. Während Segelschiffe für die Strecke von Hamburg nach New York durchschnittlich etwa 50 Tage brauchen, schafft es die »Helen Sloman« manchmal in nur 18 Tagen. Allerdings gerät das Schiff im November 1850 bei Neufundland in Seenot, die Passagiere werden zwar gerettet, aber das Schiff muss aufgegeben werden.

Polynesien, Mikronesien, Melanesien – Hamburgs Südsee

Cäsar Godeffroy IV. hält dagegen nichts von Dampfern. Er setzt allein auf seine Schnellsegler, und hat damit zunächst enormen Erfolg. Mehr als 30 schnelle Segelfrachtschiffe pendeln zwischen Hamburg und seinen Handelsniederlassungen in Polynesien, Mikronesien, Melanesien und Australien. Sie bringen

Das Gegenteil einer Idylle: Die Lebensbedingungen im Gängeviertel waren bis ins frühe 20. Jahrhundert hinein katastrophal. – Fotografie um 1900.

Glasperlen, Waffen und Werkzeuge in die Südsee und kehren voll beladen mit exotischen Handelsgütern nach Hamburg zurück. Das Geschäft mit Kopra, dem Fruchtfleisch der Kokosnuss, mit Perlen, Perlmutt, Baumwolle und Kaffee ist lukrativ und macht Godeffroy zu einem der reichsten Hamburger Kaufleute. Er unterhält nicht nur 45 Handelsniederlassungen in Übersee, sondern besitzt auch Plantagen, auf denen mehr als 1400 Arbeiter beschäftigt sind.

Godeffroy hat vielfältige Interessen; er beauftragt seine Kapitäne, auch präparierte Pflanzen und Tiere sowie ethnographische Objekte mit nach Hamburg zu bringen, die er in einem eigenen Museum zur Schau stellt. Das Gebäude am Alten Wandrahm ist Hamburgs erstes Museum. Einheimische haben an den Wochenenden von 10 bis 14 Uhr für 50 Pfennige Zutritt, Auswärtige wochentags 11 bis 14 Uhr für eine Mark. Einen Teil der Objekte kann Godeffroy an Museen und wissenschaftliche Vereinigungen in ganz Europa verkaufen, doch zwei Exemplare kommen jeweils in die eigenen Ausstellungsräume, die eine der großen Hamburger Sehenswürdigkeiten sind. Berühmtheit und wissenschaftliches Renommee erlangt auch das »Journal des Museums Godeffroy« mit Reise- und Forschungsberichten. Doch Godeffroy verpasst den Anschluss an die neue Zeit. Statt auf Dampfer umzurüsten, setzt er bis zuletzt auf seine schnellen Segelschiffe, die der Konkurrenz bald nicht mehr gewachsen sind. 1881 geht das Handelshaus in Insolvenz, das Museum muss verkauft werden.

Auswanderer zieht es nach Amerika

Während die industrielle Revolution beginnt und in Hamburg, vor allem aber im damals noch zur preußischen Provinz Hannover gehörenden Harburg immer mehr Fabriken gebaut werden, wissen viele Menschen kaum noch, wovon sie leben sollen. Auch in Hamburg und Altona gibt es bittere Armut, und die Wohnungen der Arbeiter im Gängeviertel sind feucht, dunkel und lassen sich kaum heizen. Vor allem nach der weitgehend ergebnislosen Revolution von 1848/49 sehen viele Menschen in Deutschland keine Perspektive mehr und hoffen, sich anderswo ein neues Leben aufbauen zu können. Berichte von Auswanderern, die in Amerika ihr Glück gemacht haben, klingen verlockend und viele Menschen entscheiden sich dafür, in die Neue Welt auszuwandern. Neben Bremerhaven wird Hamburg Deutschlands wichtigster Auswandererhafen. Zuerst sind es nur einige Hundert, dann kommen Tausende, ja Zehntausende nach Hamburg, um auf eines der Auswandererschiffe zu gelangen, mit denen die Reeder der Hansestadt ein neues und sehr lukratives Geschäft betreiben. Während die Schiffe Menschen in die

Neue Welt bringen, kehren sie von dort mit Waren zurück. Von 1838 bis 1914 verlassen 3,6 Millionen Auswanderer Deutschland über Hamburg. Die meisten von ihnen zieht es in die USA.

Für die Auswanderer ist es eine Reise ins Ungewisse, die mit vielen Gefahren verbunden ist. Das fängt schon in Hamburg an, wo mancher Exilant Opfer übler Geschäftemacher wird. Seit 1850 bemüht sich der private »Verein zum Schutz der Auswanderer« um eine Verbesserung der Situation, fünf Jahre später wird endlich auch eine entsprechende Behörde ins Leben gerufen.

Bestandteil des Deutschen Reichs

Noch immer dominieren Segelschiffe das Bild, aber viele haben außerdem einen Dampfantrieb. Sie werden größer und seit 1856 baut die Reiherstiegwerft Schiffe, deren Rumpf aus Eisen besteht. Während Harburg und damit das west- und süddeutsche Eisenbahnnetz nur mit der Fähre erreicht werden kann, wird 1872 endlich eine, in ihrer Gestaltung geradezu wahrzeichenhafte Elbbrücke und damit die Eisenbahnlinie Hamburg-Harburg eingeweiht. Doch bereits ein Jahr zuvor haben sich für Hamburg viel weitreichendere Veränderungen angekündigt. Während am 26. Januar 1871 am Thalia Theater eine Posse mit dem Titel »Wir Barbaren« den deutsch-französischen Krieg kritisiert, schlagen die Wogen der patriotischen Begeisterung auch in Hamburg hoch. Am 1. Februar erklärt der Senat im Einvernehmen mit der Bürgerschaft Otto von Bismarck und den preußischen Generalstabschef Helmuth Graf von Moltke zu Ehrenbürgern. Und als am 17. Juni die beiden Bataillone des Infanterie-Regiments Nr. 76 siegreich nach Hamburg zurückkehren, kennt die patriotische Begeisterung der sonst eher als kühl geltenden Hamburger keine Grenzen. Tausende Menschen begrüßen auf dem festlich geschmückten Rathausmarkt, in dessen Mitte ein provisorisches Reiterstandbild für Kaiser Wilhelm I. aufragt, die heimkehrenden Soldaten, die – wie Bürgermeister Gustav Heinrich Kirchenpauer etwas pathetisch formulierte – »an dem ruhmvoll beendeten Feldzuge ehrenvoll

Anteil genommen und die altbewährte Tapferkeit der Hanseaten neu bewährt« hatten.

Nun sind die Hamburgischen Truppen Soldaten des Kaisers, doch das entspricht längst den Realitäten des stolzen Stadtstaates, der den größten Teil seiner Autonomie schon 1867 aufgegeben hat, als er Mitglied des Norddeutschen Bundes wurde. Seit der Reichsgründung am 18. Januar 1871 ist Hamburg Teil des Deutschen Reichs, wenn es auch für die Fragen von Zoll und Freihandelszone noch Übergangsfristen gibt. Bisher hatte Hamburg einen Sonderstatus, der Zollfreiheit für alle in der Stadt gelagerten und weiterverarbeiteten Waren vorsieht, doch dieses Privileg lässt sich nun nicht mehr aufrechterhalten. Jahrelang wird verhandelt, bis die Vertreter des Hamburger Senats und Berliner Ministerien am 26. Mai 1881 den Zollanschlussvertrag unterzeichnen, der einen Kompromiss in Gestalt eines verkleinerten Freihandelsbezirks vorsieht.

Alte Wohnviertel müssen der Speicherstadt weichen

Dieser Vertrag hat weit reichende Folgen, denn nun muss innerhalb von kurzer Zeit ein neuer Lagerhauskomplex gebaut werden. Doch wo soll er liegen? Die Stadt entscheidet sich für ein Areal, das – direkt südlich der Altstadt gelegen – von den Kaufmannshäusern leicht zu erreichen ist. Allerdings handelt es sich keineswegs um eine leere, unbebaute Fläche, hier erstrecken sich vielmehr intakte Wohnviertel, in denen viele Menschen zu Hause sind. Am Wandrahm leben reiche Kaufleute in ihren ehrwürdigen Barock- und Renaissancehäusern, und am Kehrwieder stehen die Fachwerkwohnhöfe, in denen die Hafen- und Werftarbeiter mit ihren Familien wohnen. Bevor die Speicherstadt im Jahr 1888 eingeweiht werden kann, müssen fast 1900 Häuser geräumt und etwa 24 000 Menschen umgesiedelt werden. Die reichen Kaufleute lassen sich oft stilvolle Villen an der Alster bauen, manche von ihnen siedeln sich auch in den elbabwärts gelegenen Vororten an, die schon seit Mitte des 19. Jahrhunderts immer vornehmer werden. Hart trifft es die Arbeiter, die nun ihre billigen, dicht bei ihren Ar-

DIE QUARTIERSLEUTE

Hauptnutzer sind die Quartiersleute, die die Speicher bewirt-schaften. In der Regel haben sich vier Personen zu einer Quar-tiersfirma zusammengeschlossen. Einer gibt seinen Namen, die anderen sind »Consorten«. Wie schon die althamburgischen Bür-gerhäuser, die stets mit einem Speicher verbunden waren, verfü-gen auch die Blocks des neuen Lagerhauskomplexes jeweils über einen straßen- und einen wasserseitigen Zugang. So können die Waren, die von »Schuten« (Lastkähnen) über die Fleete herange-schafft werden, mit Kränen in die Speicher gehievt, dort gelagert und später auf der Straße weitertransportiert werden – ein opti-miertes und zeitgemäßes logistisches Konzept.

beitsplätzen gelegenen Häuser gegen teurere und außerdem noch weiter entfernte Wohnungen eintauschen müssen.

Zwischen 1885 und 1913 entsteht die komplett auf Eichen-pfählen gegründete Speicherstadt in drei Ausbaustufen. Bis heute wird das architektonische Erscheinungsbild der aus Backstein errichteten Speichergebäude von überwiegend neu-gotischen Formen geprägt. Oberbauingenieur Franz Andreas Meyer, der für die Gestaltung der Speicher und Brücken ver-antwortlich ist, orientiert sich an der von Conrad Wilhelm Hase begründeten Hannoverschen Bauschule, die seit Mitte des 19. Jahrhunderts die Backsteinarchitektur des Historismus nachhaltig beeinflusst hat. In den Speichern lagern vor allem hochwertige Waren aus Übersee, wie Kaffee, Tee, Nüsse und Gewürze, aber auch Teppiche aus dem Orient.

Ein neuer Hafen für eine neue Zeit

Die Speicherstadt ist nur Teil eines viel größeren Umbruchs: Schon mit Beginn der Industriellen Revolution wird deutlich, dass die Hafenwirtschaft insgesamt vor großen Veränderungen steht. Seit 1837 diskutieren in Hamburg Hafenfachleute, politi-sche Gremien und Vertreter der Wirtschaft über ein neues Ha-fenkonzept. Schließlich einigt man sich darauf, den Hafen auf das südlich der Stadt gelegene Gebiet des Grasbrooks auszu-

Dieses Foto von 1878 zeigt einen Blick vom Sandtorkai auf die Häuser
am Kehrwieder. Im Hintergrund sind die Türme von St. Jacobi (links) und
St. Katharinen zu sehen. – Fotografie um 1878.

dehnen. Der neue Hafen soll so modern und leistungsfähig
werden wie der in London. In der britischen Metropole gibt es
einen so genannten Dockhafen, dessen konstanter Wasserstand
durch ein kompliziertes Deich- und Schleusensystem garantiert
wird. Johannes Dalmann, der seit 1864 als Wasserbaudirektor
amtiert, vertritt jedoch die Meinung, dass man in Hamburg
auch mit geringerem Aufwand zum Ziel kommen kann: Da
Hamburg mit 2,50 Metern einen viel geringeren Tidenhub
(durchschnittliche Differenz zwischen Hoch- und Niedrig-
wasser) als London (7 Meter) hat, favorisiert er einen offenen
Tidenhafen. Was macht es schon aus, dass der Wasserstand im
Hafen nicht konstant ist, angesichts des enormen Vorteils eines
solchen Hafenkonzepts? Man könnte sich den teuren Bau von
Schleusen sparen und würde zugleich Schiffsstaus vor den
Schleusentoren vermeiden. Außerdem würde in einem Fließ-
gewässer die Gefahr des Zufrierens in harten Wintern weit ge-
ringer zu veranschlagen sein als in den stehenden Gewässern
des Docks. Und nicht zuletzt erlaubt ein jederzeit zugänglicher

Tidenhafen den weitgehend witterungsunabhängigen und schnellen Güterumschlag.

Dalmanns Argumente überzeugen. 1858 entscheidet sich der Rat für sein Konzept, das sich bis heute in Hamburg bewährt. Vier Jahre später werden die Arbeiten für den Sandtorhafen aufgenommen. Mit diesem ersten künstlichen Becken beginnt der Ausbau Hamburgs zur modernen Hafenstadt. Die feierliche Eröffnung des Sandtorhafens findet im August 1866 statt. Weitgereiste Seeleute, die Hamburgs Hafen von früher her kennen, sehen bei der Ankunft sofort, dass eine neue Zeit angebrochen ist. Jetzt können die Schiffe direkt an den Sandtorkais festmachen, was das Löschen der Ladung sehr viel schneller vonstatten gehen lässt. Zunächst stehen am Hafenbecken 788 Meter Kaistrecke zur Verfügung, nach dem Zollanschluss 1888 bietet der gesamte Grasbrook eine Kailänge von 3 Kilometern und damit 31 Schiffsliegeplätze. Mit Hilfe von zunächst 19 fahrbaren Dampfkränen kann die Ladung gelöscht und dann entweder in den neu erbauten eingeschossigen Schuppen zwischengelagert oder gleich auf die Eisenbahn verladen werden.

Wohlstand – aber nicht für alle

Die alten Kaufmannshäuser haben inzwischen längst ausgedient, dafür entstehen nördlich des Hafens neuartige Kontorhäuser, die vielfach schon über Paternoster, Warenaufzüge und elektrische Beleuchtung verfügen. Auch in der Innenstadt, nördlich des Kontorhausviertels bis hin zur Alster, werden immer mehr Geschäfts- und Bürohäuser errichtet, aber ebenso repräsentative Hotels. Die Bevölkerung ist 1892 auf 600 000 Menschen angewachsen, diese wohnen vor allem in der Neustadt und den neu entstehenden Arbeitervororten, während sich die Innenstadt zur City entwickelt.

Doch der allgemeine Aufschwung, der neue Glanz und der oft protzig zur Schau gestellte Reichtum sind nur die eine Seite der Medaille. Im Gängeviertel und den anderen Armenvierteln der Kirchspiele St. Michaelis und St. Jacobi leben die Menschen in erbärmlichen Verhältnissen. Miserabel sind vor allem die hygienischen Bedingungen, obwohl sich Hamburg 1891 endlich zum Bau eines Filtrierwerks entschlossen hat, beziehen die Menschen hier ihr Trinkwasser noch immer ungefiltert aus der verschmutzten Elbe. Das kann nicht folgenlos bleiben: Nicht zufällig sind es Bewohner der Armenviertel, bei denen im August 1892 zum ersten Mal die Symptome der asiatischen Cholera diagnostiziert werden.

DIE CHOLERA-KATASTROPHE

Im Spätsommer und Frühherbst erkranken mehr als 16 000 Hamburger an der Seuche, die wahrscheinlich mit aus Le Havre gekommenen Schiffen eingeschleppt wurde. Als der berühmte Arzt und Virologe Robert Koch am 24. August das von zwei trutzigen Türmen gerahmte Gebäude des Berliner Bahnhofs in Hamburg verlässt, begibt er sich direkt in die Problemviertel, in denen die Seuche am schlimmsten wütet. Was der Entdecker des Cholera-Erregers hier zu sehen bekommt, verschlägt ihm erst einmal die Sprache. »Ich vergesse, dass ich mich in Europa befinde«, sagt er – für den Hamburger Senat ist dies ein vernichtendes Urteil. Insgesamt sterben in Hamburg 8605 Menschen an der Seuche, die vermeidbar gewesen wäre. Wenigstens werden nun in einem jahrzehntelangen Programm die menschenunwürdigen Viertel der Neustadt und später auch der Altstadt saniert.

Rathaus und »Kaiserbahnhof«

Manches braucht in Hamburg viel Zeit, da macht selbst das Domizil der Stadtregierung keine Ausnahme: Mehr als ein halbes Jahrhundert nachdem das alte Rathaus beim Großen Brand zerstört wurde, kann am 26. Oktober 1897 endlich Hamburgs neues Rathaus eingeweiht werden. Das von einer Architektengruppe unter Federführung von Martin Haller (1835–1925) errichtete Gebäude gibt dem Rathausmarkt seine endgültige Gestalt und verleiht der Stadtrepublik mit seiner prächtigen, geradezu schlossartigen Architektur so etwas wie höfischen Glanz. »Libertatem quam peperere maiores digne studeat servare posteritas« (»Die von den Vorfahren errungene

Das Hamburger Rathaus wurde 1897 eingeweiht. Mit seiner stattlichen Neorenaissance-Architektur und der Pracht der 647 (!) Räume bringt das Bauwerk das Selbstbewusstsein der traditionsreichen Stadtrepublik zum Ausdruck.

Freiheit ist es wert, dass die Nachwelt sich darum bemühe, sie zu erhalten«) – die lateinische Inschrift über dem Portal, die Senat und Bürgerschaft mahnen soll, prangte ursprünglich über dem inzwischen längst abgerissenen Millerntor.

Der englische König Eduard VII. ist beeindruckt, als er am 28. Juni 1904 mit einem Sonderzug den neuen Dammtorbahnhof erreicht, wo er mit großem Pomp empfangen wird. Mit dem hochmodernen Jugendstilgebäude braucht sich Hamburg nicht zu verstecken. Kein Wunder, dass man Staatsgäste von nun an fast nur noch hier zu begrüßen pflegt. »Kaiserbahnhof« nennen die Hamburger das noble Gebäude, obwohl das dem Monarchen in Berlin vermutlich nicht recht ist. Zwar hat Wilhelm II. den Bahnhof schon kurz nach der Fertigstellung am 20. Juni 1903 besichtigt und ihn »ganz nett« gefunden, doch es war wohl nicht mehr als eine höfliche Umschreibung allerhöchsten Missfallens. In Wahrheit schätzt er den damals angesagten Jugendstil mit seinen floralen Dekorationen ganz und gar nicht.

Der Dammtorbahnhof hatte bereits einen spätklassizistischen Vorgänger, der 1866 mit der Verbindungsbahn eingeweiht und 1903 abgerissen worden war. Die anderen Bahnhöfe der Hansestadt sind noch Endstationen für Strecken, die in verschiedene Richtungen führen – Kopfbahnhöfe aus der eher gemütlichen Pionierzeit der Eisenbahn und damit hoffnungslos veraltet.

Großer Bahnhof für das 20. Jahrhundert

Metropolen brauchen aber zu Beginn des 20. Jahrhunderts möglichst nahe der Innenstadt gelegene zentrale Hauptbahnhöfe, von denen aus man jedes Ziel erreichen kann. Wo ein solches Bauwerk auch in Hamburg entstehen kann, ist schon bald klar: Der Platz zwischen der Lombardsbrücke und dem alten Klostertorbahnhof erweist sich als geradezu ideal. Hier, im Bereich des alten Wallgrabens, wo in der Grabensenke schon die Schienen der Verbindungsbahn liegen, muss man nur zwei alte Friedhöfe verlagern, der größte Teil der benötigten Fläche befindet sich ohnehin schon in städtischem Besitz. Am 6. Mai 1900 schreibt die Hansestadt einen Architektenwettbewerb aus, zu dem 16 Entwürfe eingereicht werden. Das Preisgericht entscheidet sich für den Vorschlag des Berliner Büros Reinhard & Suessenguth und des Eisenbahningenieurs Ernst Moeller. Verglichen mit Budapester oder Pariser Bauwerken aus dieser Ära wirkt der Jugendstil des Entwurfs zwar eher historisierend, aber für den deutschen Kaiser immer noch viel zu modern. »Einfach scheußlich«, urteilt Wilhelm II. Da Preußen einen großen Teil der Baukosten trägt, die sich am Ende auf stolze 9,25 Millionen Goldmark belaufen, kann der Monarch den Jugendstilentwurf verhindern. Die Architekten behalten zwar den Auftrag, aber sie müssen die Pläne nun ändern. Indem sie sich an der Neorenaissance des Hamburger Rathauses orientieren, das Bauwerk mit einer Natursteinfassade verblenden und mit trutzigen Uhrentürmen flankieren, können sie Majestät zufriedenstellen.

Bewunderung erregt aber vor allem die elegant geschwungene 37 Meter hohe, 73 Meter breite und 121 Meter lange

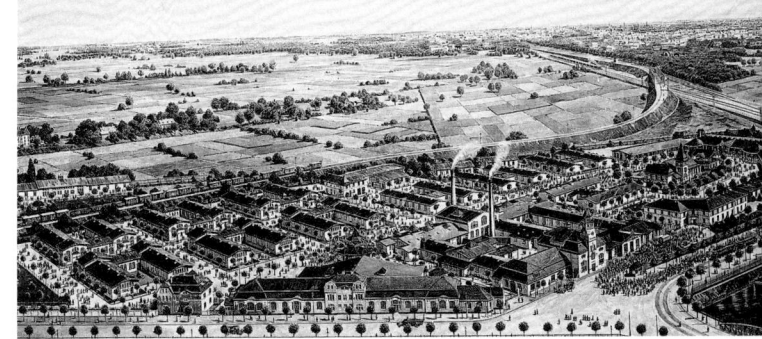

Auf dieser zeitgenössischen Gesamtansicht von 1912 lässt sich das Ausmaß der Auswandererstadt auf der Veddel gut erkennen. Auf einem Teil des historischen Areals befindet sich heute das Erlebnismuseum BallinStadt. – Fotografie von J. Hamann von einer Zeichnung von Weesen-Krell.

Konstruktion der Halle. Als Vorbild hat hier die für die Pariser Weltausstellung 1889 erbaute (und 1910 abgerissene) »Halle de Maschines« Pate gestanden. Verkehrstechnisch erweist sich der Hauptbahnhof als zukunftsweisend: Er verfügt schon über einen U-Bahn-Tunnel, obwohl der Bau der U-Bahn in Hamburg erst ein halbes Jahrzehnt später in Angriff genommen wird.

DIE BALLIN-STADT

Zu Beginn des 20. Jahrhunderts entsteht auf der Veddel ein ganzes Stadtviertel, das die meisten Hamburger niemals betreten: auf Initiative von Albert Ballin, dem Direktor der Hamburg-Amerika-Linie (HAPAG), eine Siedlung für 5000 Menschen. Hier finden die Auswanderer für jene Zeit Quartier, die für die Abwicklung der notwendigen Formalitäten gebraucht wird. Die Auswandererstadt ist modern, zweckmäßig und wird von den betroffenen Menschen sehr geschätzt, die nun nicht mehr von geldgierigen Agenten und Herbergswirten ausgenommen werden können. Hier gibt es 27 Wohnhäuser, Gotteshäuser unterschiedlicher Religionen und Konfessionen sowie Einrichtungen für ärztliche Untersuchungen. Im Juli 2007 wurde das Areal teilweise rekonstruiert und mit dem Namen »Port of Dreams – Ballinstadt – Auswandererwelt Hamburg« als Erlebnismuseum eröffnet.

Der Michel brennt

Am 2. Juni 1906 wird an der Helgoländer Allee das von dem Bildhauer Hugo Lederer geschaffene riesige Bismarck-Denkmal enthüllt. Einen Monat später, am 3. Juli, brennt Hamburgs Wahrzeichen, die Hauptkirche St. Michaelis nieder. Entsetzt sehen viele Menschen zu, wie der Turm lichterloh brennt und wenig später in eine dunkle Rauchwolke getaucht wird. Der Polizeifotograf Hugo Schröter drückt genau in dem Moment auf den Auslöser seiner Kamera, als der Turm zerbirst und einstürzt. Für manchen Pastor ist die Sache klar: Das war Gottes Strafe für die Errichtung des riesigen Bismarckschen »Götzenbildes«. Für die Hamburger steht fest, dass sie ihren Michel wiederhaben wollen. Schon am Tag nach dem Brand tritt die Bürgerschaft zusammen, um den Wiederaufbau zu beschließen. Bürgerschaftspräsident Julius Engel sagt: »Die Michaeliskirche muss da, wo sie gestanden hat, und so, wie sie gestanden hat, sobald wie möglich neu errichtet werden, damit der mächtige, die Stadt überragende Turm auch künftigen Geschlechtern wieder als Wahrzeichen diene.«

1914: Patriotische Hochstimmung

Hamburg prosperiert und schaut optimistisch in die Zukunft. 1910 fährt die erste Straßenbahn auf der Mönckebergstraße. Ein Jahr später wird der Elbtunnel zwischen den Landungsbrücken und Steinwerder eröffnet – ein ingenieurtechnischer Geniestreich. Und 1912 kann auch die Hochbahn-Ringstrecke für den Verkehr freigegeben werden. Auf den Werften laufen immer größere Schiffe vom Stapel. Als am 20. Juni 1914 die »Bismarck« als drittes Schiff der Imperatorklasse getauft wird – mit 55 551 Bruttoregistertonnen ist es das größte Schiff der Welt –, kommt Wilhelm II. eigens aus Berlin angereist. Die Hamburger jubeln dem Kaiser zu, der meint, dass Deutschlands Zukunft auf dem Meer liegt. Die Zeichen stehen auf Krieg, aber die Menschen scheinen keine Angst davor zu haben. Sie jubeln, als der Kaiser am 31. Juli 1914 die allgemeine Mobilmachung verkündet. Auch als das Hamburgische Infanterieregiment 76 am 8. August am Hannoverschen Bahnhof feierlich verabschiedet wird, herrscht in der Stadt patriotische Hochstimmung. Schmissige Märsche werden intoniert, Girlanden gewunden, Fahnen geschwenkt. Jeder Soldat kann sich als Held fühlen, und der Krieg ist nichts, wovor man sich fürchten müsste.

Der Euphorie folgt bald Ernüchterung

Zu Beginn der Mobilmachung hat es zwar da und dort Hamsterkäufe gegeben, aber zunächst bleibt die Versorgungslage stabil. Die Ladenregale sind gut gefüllt, die Käufer zufrieden. Das ändert sich erst ein paar Monate später, als die Nahrungsmittel auf einmal knapp zu werden beginnen. Auch das, was die Soldaten in ihren Feldpostbriefen schreiben, klingt ernüchternd und erschreckend. Gekämpft und gestorben wird zwar in weiter, kaum vorstellbarer Ferne, doch die Kriegsfolgen sind nun auch in Hamburg zu spüren.

Bis Mitte 1916 hat England die Seeblockade so weit ausgebaut, dass kaum noch Lebensmittel nach Deutschland gelangen. Noch 1914 importierte das Kaiserreich fast ein Viertel seines Lebens- und Nahrungsmittelbedarfs. Nun versuchen die Behörden zwar, mit Rationierungsmaßnahmen die Versorgung einigermaßen in den Griff zu bekommen, können aber nur den Mangel verwalten.

Im Sommer 1916 erhält jeder Hamburger pro Tag nur noch 1983 Kalorien und 53,8 Gramm Eiweiß. Zugeteilt werden vor allem Kartoffeln und Brot. Besonders die Kinder leiden an chronischer Unterernährung. Die Zahl der Todesfälle steigt bedrohlich. Doch es kommt noch viel schlimmer: Die Rationen schmelzen weiter, statt Brot kommen jetzt Steckrüben auf den Teller. Ungeachtet ihres geringen Nährwerts werden sie zum Hauptnahrungsmittel. Es gibt Rübensuppe, Rübenschnitzel, Rübenbrot …

Im »Steckrübenwinter« 1916/17 eskaliert die Situation: Am 22. und 23. Februar 1917 kommt es in Barmbek und gleich darauf auch in Winterhude, auf der Uhlenhorst, in Eimsbüttel,

Eilbek, Hamm, Eppendorf und in der Neustadt zu Hunger-unruhen und Plünderungen von Lebensmittellagern und Geschäften. Auslöser ist eine weitere Kürzung der ohnehin schon kärglichen Brotrationen. Nachdem die ersten Schaufensterscheiben zu Bruch gegangen sind, greift die Polizei ein, kann die ebenso verzweifelte wie wütende Menge aber nicht unter Kontrolle bringen. Darauf fordert die Polizeiführung militärische Unterstützung an. Sechs Infanterie-Kompanien und eine Abteilung Husaren verlassen ihre Kasernen und zeigen an mehreren Plätzen Hamburgs unübersehbar Präsenz.

»Wo steht der Feind eigentlich?«, wird sich der eine oder andere Soldat irritiert fragen, der nun mit aufgepflanztem Bajonett an der »Heimatfront« auf Patrouille gehen muss. Vom Krieg wollen die meisten Hamburger längst nichts mehr wissen. Der Glaube an einen schnellen Sieg ist tiefer Ernüchterung gewichen. Schon am 18. August 1916 – also noch vor dem »Steckrübenwinter« – versammeln sich 2000 Menschen zu einer ersten, selbstverständlich illegalen Antikriegsdemonstration. Am 1. August, dem dritten Jahrestag des Kriegsausbruchs, sind es schon 10 000. Sie treffen sich auf dem Heiligengeistfeld, um Frieden und Brot zu fordern.

Der Krieg geht ein reichliches Jahr später ruhmlos zu Ende und mit ihm das Kaiserreich. Doch auch danach wird noch gehungert. Erst Mitte 1919 kann in Hamburg die Rationierung von Lebensmitteln wieder aufgehoben werden.

Brennende Bücher, brennende Stadt:
Von der Weimarer Republik bis zum Kriegsende

Noch ist der Krieg in frischer Erinnerung, aber die meisten Hamburger wollen ihn möglichst schnell vergessen. Man lebt schließlich nur einmal, sagen sich jene, die davongekommen sind, und stürzen sich Anfang der 20er-Jahre ins Vergnügen. In der Neustadt und auf St. Pauli wird ein Tanzlokal nach dem anderen eröffnet. Auf einmal gibt es jede Menge Spielsalons, Lichtspieltheater und eine ganze Reihe neuer Varietés, in denen die Prüderie der Kaiserzeit allabendlich schwungvoll zu Grabe getragen wird.

Die Künstlerfeste im Curio-Haus

Wie man sich richtig amüsiert, zeigen die Kreativen unter den Hanseaten dem Rest der Bevölkerung zur Faschingszeit mit ihren legendären Künstlerfesten im Curio-Haus. »Die gelbe Posaune« ist 1920 das Motto eines jener unglaublich aufwendigen Bälle, für die es kaum ein Tabu zu geben scheint. 1921 haut man dann auf die »Götzenpauke« und 1923 dreht sich »Der himmlische Kreisel«. Die Dekoration des großen Saals übernehmen stets Schüler der Kunstgewerbeschule am Lerchenfeld, die Entwürfe dafür liefern nicht selten ihre Lehrer. Die Events im Curio-Haus sind aber nicht nur Bälle, sondern künstlerische, literarische und satirische Gesamtkunstwerke, die in allen Räumen gefeiert werden – bis zur Polizeistunde offiziell, anschließend eher privat, aber immer am Rande des Skandals.

Auch außerhalb der Ballsaison ist im Hamburg der 20er-Jahre eine Menge los. Im Alsterpavillion, im »Trichter« auf der Reeperbahn oder in der »Fledermaus« an der Ernst-Merck-Straße tanzt man nicht mehr wie zu Kaisers Zeiten brav Wiener Walzer, sondern vor allem Tango, Shimmy und – von 1925 an – auch den aus den USA importieren Charleston. Dazu tragen

Die Künstlerfeste im Curio-Haus hatten in den 20er-Jahren des 20. Jahrhunderts einen legendären Ruf.

die Jungen modische Anzüge, die Mädchen aufregende Flatterkleider, die nur knapp bis zu den Knien reichen.

In den »Golden Twenties«, die in Wahrheit für den größten Teil der Hamburger allerdings keineswegs goldene Zeiten sind, entwickelt sich ein ganz neues Lebensgefühl. Nun marschiert man nicht mehr, sondern tanzt, hört keine Märsche mehr, sondern Schlager, geht statt zu Militärparaden lieber ins Kino, und wenn im 1925 eröffneten »Alkazar« die Damen alle Hüllen fallen lassen, hält es niemand mehr für nötig, die Polizei zu rufen.

Gar nicht weit entfernt singt im Operettenhaus Richard Tauber »Gern hab ich die Frauen geküsst«, was ihm das begeisterte, überwiegend weibliche Publikum aufs Wort glaubt. Aber in den Tanzpalästen der Reeperbahn sind damals auch schon ganz andere Töne und Rhythmen zu hören: Die Bands, die sonst in den Salons der amerikanischen Ozeanriesen auftreten, nutzen ihre Landgänge für kurze Hamburg-Gastspiele, an denen sich allerdings die Geister scheiden. Der größte Teil der Hamburger ist völlig begeistert, doch diejenigen, die sich mit der großen Freiheit der »Goldenen Zwanziger« ohnehin nicht anfreunden möchten, diffamieren den Jazz als »Negermusik«.

DAS »ALKAZAR«

Das »Alkazar« auf der Reeperbahn 110 ist der funkelndste Stern am weiten Himmel des Hamburger Nachtlebens. »Alle 15 Minuten eine Sensation und in der Pause keine Pause«, verspricht Impressario Arthur Wittkowski. Und er hält allabendlich sein Versprechen: Die fantastischen Bühnenbilder wechseln jede Viertelstunde, und wenn die berühmte Stripperin Celly im diffusen Licht getönter Scheinwerfer schließlich ihre Gazeschleier zu Boden gleiten lässt, ist das fürs Publikum immer wieder sensationell. Doch damit nicht genug: Zum Abschluss der Show im »Alkazar« rauscht dann so gegen vier Uhr morgens noch ein riesiger, mit nackten Damen bestückter Kronleuchter auf die Bühne.

Noch ist das nicht mehr als ein Geschmacksurteil. Kaum jemand ahnt, dass dieser Ungeist nur ein paar Jahre später zur kulturpolitischen Staatsdoktrin wird, die mit dem Lebensgefühl der 20er-Jahre gründlich aufräumt. Das Feiern, der Jazz, das Tanzen bleiben Episode, schon bald wird auch in Hamburg wieder Marschmusik gespielt und Gleichschritt befohlen.

Hamburg wird »braun«

Schon bei der Reichstagswahl am 14. September 1930 haben sich 144 684 Hamburger – das sind 20 Prozent der Wahlberechtigten – für Hitlers NSDAP entschieden. Ein Jahr später erreicht die Hitler-Partei bei der Bürgerschaftswahl sogar 26,2 Prozent und wird mit 43 von 160 Mandaten hinter der SPD zweitstärkste Fraktion. Am 24. April 1932 wird die NSDAP dann erstmals zur stärksten Bürgerschaftsfraktion, noch können die bürgerlichen Parteien und die SPD eine Regierungsbeteiligung der Nazis verhindern. Aber die Lage in der Stadt wird explosiver. Zwischen der SA und kommunistischen Gruppen kommt es immer wieder zu Zusammenstößen. Es gibt nicht nur Saalschlachten, sondern bald auch bewaffnete Auseinandersetzungen und politische Morde.

Bei einem Propagandamarsch der SA durch die Altstadt von Altona kommt es am 17. Juli 1932 zu Tumulten, bei denen

18 Menschen ihr Leben verlieren – 13 unbeteiligte Passanten, drei Kommunisten und zwei SA-Männer. Auch in dem überwiegend von Arbeitern bewohnten Gängeviertel gibt es immer wieder blutige Auseinandersetzungen.

Am 30. Januar 1933 wird Hitler zum Reichskanzler ernannt. Für die Nazis steht längst fest, dass auch Hamburg bald braun sein wird. Als die NSDAP bei den Reichstagswahlen am 5. März 1933 in Hamburg mit 38,8 Prozent der Stimmen stärkste Partei wird, gibt es kein Halten mehr: SA und SS besetzen das Hamburger Rathaus. Die SPD-Senatoren und Bürgermeister Carl Petersen von der bürgerlichen Deutschen Staatspartei sind schon kurz vorher zurückgetreten. Am 8. März wählt die nun nationalsozialistisch dominierte Bürgerschaft einen neuen Senat und Carl Vincent Krogmann, der bald darauf in die NSDAP eintritt, zum Ersten Bürgermeister.

Gleich zweimal werden in Hamburg Bücher verbannt

Wer gehofft hat, mit der Regierungsverantwortung würden die Nazis gemäßigter, sieht sich schnell getäuscht. Von Anfang an werden alle wirklichen und vermeintlichen Gegner rücksichtslos verfolgt. Am 1. April 1933 gibt es in Hamburg – wie überall in Deutschland – den ersten großen Judenboykott, überall in der Stadt blockieren SA-Leute jüdische Geschäfte, Anwaltskanzleien und Arztpraxen. Am 15. Mai ist in Hamburg eine gespenstische Szene zu beobachten, die wie ein mittelalterliches Ritual anmutet: Der SA-Studentensturm 6/67 marschiert am Kaiser-Friedrich-Ufer auf, entzündet einen Scheiterhaufen und verbrennt darauf die Bücher all jener Autoren, die der nationalsozialistischen Ideologie widersprechen. Wie schon fünf Tage zuvor auf dem Berliner Opernplatz geschieht das nicht in einer wilden Aktion, sondern nach genauem Drehbuch und wochenlangen Vorbereitungen.

Ganz zufrieden sind die Verantwortlichen zwar nicht, denn da es wieder einmal regnet, brennt der Scheiterhaufen nicht besonders gut, und Stimmung will bei dem Schmuddelwetter offenbar auch nicht aufkommen. Doch selbst wenn nur etwa

Bücherverbrennung am Kaiser-Friedrich-Ufer: SA-Leute werfen die Werke missliebiger Autoren ins Feuer. – Fotografie von Josef Schorer, 15. Mai 1933.

1000 vor allem in kommerziellen Leihbibliotheken und Schulbüchereien beschlagnahmte Bücher in die Flammen geworfen werden, erfüllt die Aktion ihren propagandistischen Zweck.

Bereits am 13. April hat die Kampagne »Wider den undeutschen Geist« begonnen, genügend Zeit also, um über die deutsche und internationale Literatur zu Gericht zu sitzen. Es wird ein kurzer Prozess, der mit langen Verbotslisten und der Exekution auf dem Scheiterhaufen endet. »Gegen Frechheit und Anmaßung, für Achtung und Ehrfurcht vor dem unsterblichen Volksgeist! Verschlinge, Flamme, auch die Schriften der Tucholsky und Ossietzky«, brüllt einer der SA-Leute in der regnerischen Nacht, während die Bücher dieser Autoren ins Feuer geworfen werden. Kurz darauf erscheint im »Hamburger Anzeiger« ein Artikel, in dem zu einer zweiten Bücherverbrennung aufgerufen wird. »Deutsche Mädels und Jungen! Die nationale Revolution ist unter Führung Adolf Hitlers vollzogen. Durch das energische Handeln der Regierung sind Bolschewisten und Juden in ihre Schranken verwiesen. Aber noch immer existieren Millionen ihrer Bücher und Schriften, die eine Gefahr für Jugend und Volk sind«, heißt es in dem Beitrag, der die Hamburger Jugend zum Sammeln »undeutscher Bücher« anstiftet.

Die zweite Verbrennung, die am Abend des 30. Mai durchgeführt wird, ist noch publikumswirksamer organisiert als das vorangegangene Autodafé der NS-Studenten. 2000 Hitlerjungen, 300 BDM-Mädchen und viele Angehörige anderer Nazi-Organisationen ziehen mit Fackeln von der Moorweide über den Rathausmarkt und die Mönckebergstraße zum Lübecktorfeld, wo man den Scheiterhaufen anzündet. Verbrannt wird nun auch das Werk von Heinrich Heine, der in seiner Tragödie »Almansor« geschrieben hatte: »Das war ein Vorspiel nur, wo man Bücher verbrennt, verbrennt man auch am Ende Menschen.«

Judenverfolgung

Am 9. November 1938 brennen wie überall in Deutschland auch in Hamburg Synagogen und jüdische Geschäfte. Die Polizisten greifen nicht ein, sondern werden zu Komplizen der SA-Leute, die u. a. die große Synagoge am Bornplatz anzünden, aber auch viele jüdische Geschäfte, wie zum Beispiel am Neuen Wall und am Jungfernstieg, demolieren. Das große Pogrom, das in der Propagandasprache im Bezug auf die zerstörten Schaufensterscheiben euphemistisch »Reichskristallnacht« genannt wird, ist der Auftakt zur verschärften Judenverfolgung, die schließlich im Holocaust endet. Von März 1942 an müssen alle Juden einen Stern tragen, vom kulturellen und öffentlichen Leben wurden sie schon seit 1933 schrittweise ausgeschlossen. Von der »Arisierung« jüdischer Betriebe und Geschäfte profitieren nicht nur Staats- und Parteistellen, sondern oft auch deren nichtjüdische Konkurrenten. Schamlos bedienen sich viele »Volksgenossen« bei der Versteigerung des Besitzes ihrer emigrierten oder deportierten Nachbarn. Die Juden müssen ihre Häuser und Wohnungen verlassen und werden in so genannten »Judenhäusern« untergebracht, die sich meistens im

Grindelviertel befinden. Vom Oktober 1941 an werden annähernd 10 000 Hamburger Juden in mehreren Aktionen in die Gettos und Vernichtungslager im Osten deportiert und größtenteils dort ermordet.

Aber die braunen Machthaber verfolgen nicht nur Juden, sondern auch alle anderen wirklichen und vermeintlichen Gegner: Sinti und Roma, Sozialdemokraten, Kommunisten, Gewerkschaftler, Zeugen Jehovas, Homosexuelle und auch jene »Bekennenden Christen«, die sich offen gegen die mörderische Praxis des NS-Staates stellten. Das auf Hamburger Stadtgebiet in den Vierlanden gelegene Neuengamme wird 1938 zum Standort eines Konzentrationslagers. Die Häftlinge aus zahlreichen Nationen müssen unter menschenunwürdigen Bedingungen in einem Klinkerwerk arbeiten – für viele ist es das Todesurteil.

PER GESETZ WIRD HAMBURG VERGRÖSSERT

Mit Hamburg haben die Nazis Großes vor. Am 1. April 1937 tritt das Groß-Hamburg-Gesetz in Kraft, wodurch sich das Territorium der Hansestadt fast verdoppelt. Eingemeindet werden nicht nur Altona, Wandsbek und Harburg, sondern zahlreiche weitere Gemeinden, die bisher zu den Landkreisen Pinneberg und Stormarn gehörten. Damit steigt die Bevölkerungszahl von 1,19 auf 1,68 Millionen. Zu den architektonischen Plänen, die eine Arbeitsgruppe unter Leitung des Architekten Konstanty Gutschow auf Hitlers Wunsch für Hamburg entwickelt, gehören u. a. ein 250 Meter hohes Gauhochhaus, ein riesiges Passagierschiffsterminal, eine Hängebrücke über die Elbe mit 180 Meter hohen Pfeilern und einer Spannweite von 750 Metern, eine »Volkshalle«, die 50 000 Menschen fassen soll und ein 80 Meter hohes KdF-Hotel. Glücklicherweise wird nichts davon verwirklicht.

Die Angst vor Luftangriffen wächst

Stattdessen bereitet man sich auf den Krieg vor: Am 1. September 1939 hat die Wehrmacht Polen überfallen, aber für Hamburg ist der Krieg zunächst nur ein fernes Geschehen. Es gibt zwar Luftschutzübungen und Verdunklungsvorschriften, aber viel ändert sich zu Kriegsbeginn noch nicht. Am 18. Mai 1940 erlebt die Stadt ihren ersten Luftangriff, bei dem 34 Menschen sterben und 72 verletzt werden. Um die britischen Flieger zu täuschen, wird die Alster mit einer gewaltigen Holzkonstruktion überbaut. Doch das kostspielige Täuschungsmanöver misslingt, am 18. Juli 1941 berichtet die britische Presse ausführlich über die Aktion. Wenn die Verluste am Anfang auch gering sind, gehört die Angst vor Luftangriffen für die Hamburger bald zur nächtlichen Normalität.

Der Juli des Jahres 1943 ist besonders heiß. Doch dass die Sonne scheint, empfinden die Menschen nicht mehr als Glück. Wolkenfrei und in makellosem Blau spannt sich der Himmel über die Hansestadt, aber die Menschen schauen sorgenvoll nach oben. Vor allem nachts, wenn die Sterne zu sehen sind und der Vollmond die Stadt in verräterisch helles Licht taucht, haben viele Menschen Angst und sehnen sich nach dem Nieselregen, nach den tief hängenden Wolken, dem grauen Einerlei des Hamburger Schmuddelwetters, über das sie zu normalen Zeiten nie müde werden sich zu beklagen.

Die größte Katastrophe in der Geschichte der Stadt

In der Nacht vom 27. auf den 28. Juli 1943 nehmen etwa 700 britische Bomber Kurs auf die zweitgrößte Stadt des deutschen Reichs. Auf ihren Flugplätzen in Südengland gestartet, formieren sich die 39 Tonnen schweren, viermotorigen Lancaster zu einem »Bomberstrom« von mehr als 300 Kilometer Länge. Sie bilden eine gewaltige Formation, die eigentlich vom deutschen Radar erfasst werden müsste. Aber diesmal bleiben die Radarposten blind, die Horchstationen taub, unfähig, die Jäger der deutschen Luftwaffe zu alarmieren. Etwa 50 Kilometer bevor die Bomber die deutsche Nordseeküste erreichen, beginnen die Mannschaften damit, 24,5 Zentimeter lange und zwei Zentimeter breite Streifen aus Metallfolie abzuwerfen. Insgesamt 90 Millionen dieser Stanniolstreifen regnen vom Himmel und lassen die deutschen Radargeräte verrücktspie-

Das Erbe des »Tausendjährigen Reichs«: Trümmerlandschaft in Hammerbrook, einem der am meisten betroffenen Hamburger Wohnviertel. – Fotografie, 1943/44.

len. Niemand bei der deutschen Luftabwehr kann erkennen, wie viele Bomber unterwegs sind und welches Ziel sie sich suchen. Die 80 Hamburger Flak- und 22 Scheinwerferstellungen werden damit ebenso ausgeschaltet wie die Jäger der Luftwaffe, die sonst für die schwerfälligen Lancaster-Bomber eine ernste Bedrohung sind.

Diesmal versucht niemand, die Bomber aufzuhalten, deren Spitze gegen ein Uhr das Hamburger Stadtgebiet erreicht. Was können die jungen Männer aus 4000 Meter Höhe von der Stadt sehen, die sie jetzt bombardieren sollen? Was wissen sie von Hamburg? Haben sie von der Reeperbahn gehört, von St. Pauli, vom Hafen? Haben sie überhaupt eine Vorstellung von dem, was sie in wenigen Minuten da unten bewirken, ausrichten, anrichten werden? Die meisten von ihnen wissen nichts und sehen nichts. Wie immer vor ihrem Einsatz hat man ihnen gesagt, sie würden militärische Ziele und Anlagen der Rüstungsindustrie bombardieren. Die britischen Piloten, die Bordingenieure, Navigatoren, Funker, MG- und Bombenschützen, die stundenlang in drangvoller Enge unterwegs sind, haben vor allem Angst – Todesangst. Es sind junge Männer, meist kaum älter als 20 Jahre, die sich zu insgesamt 30 Einsätzen verpflichtet haben. Nur jeder Dritte von ihnen wird das überleben.

Aber in dieser Julinacht über Hamburg erleidet die britische Bomberflotte kaum Verluste. Wenn die Piloten durch ihre Glaskanzeln nach unten sehen, können sie nicht viel von der Stadt erkennen, kaum Straßenzüge, keine Häuser, sondern nur viele Lichtpunkte, Leuchtmarkierungen in Rot, Grün und Gelb. Diese Orientierung gibt ihnen ein Vorauskommando, die so genannten Pfadfinderflugzeuge, die – dirigiert von einem in 8000 Metern Höhe kreisenden Masterbomber – die Abwurfzone farbig abstecken. Für alle Hamburger Großangriffe von 1940 bis 1945 ist die Nikolaikirche der Zielpunkt. Der mit 147,3 Metern nach dem Ulmer Münster und dem Kölner Dom dritthöchste Kirchturm Deutschlands, erbaut 1846–1874 ausgerechnet von einem Engländer, dem Londoner Architekten John Gilbert Scott, weist den englischen Pfadfindern den Weg. Die Operation mit dem so zynischen wie treffenden Namen »Gomorrha« hat begonnen.

Um aus Hamburg Gomorrha werden zu lassen, haben britische Experten umfangreiche Untersuchungen angestellt, haben die Brennbarkeit der ortsüblichen Bauweise studiert und die Bombentechnologie, die Mischung der unterschiedlichen Bombenarten, deren Dimensionierung und Einsatzdichte, immer weiter perfektioniert. In Hamburg wird das Zerstörungswerk durch das trocken-heiße Wetter zusätzlich begünstigt. Langsam, wie in Zeitlupe, fallen die 4000 Pfund schweren Minenbomben hinunter, die von den Engländern »Blockbuster« oder »Wohnblockknacker«, von den Hamburgern aufgrund ihrer zylindrischen Form »Badeöfen« genannt werden. Um eine Stadt wie Hamburg anzuzünden, um sie in einem alles verzehrenden Feuer untergehen zu lassen, muss Splitter-, Minen- und Brandmunition in genau kalkulierter Reihenfolge abgeworfen werden. Die Sprengbomben durchschlagen Dächer, Wände, Mauern und sorgen dafür, dass die Brandbomben genügend entzündliche Nahrung finden. Schon

Der Turm und die Ruine der Alten Nikolaikirche sind heute ein Mahnmal, das an die Schrecken der NS-Zeit und an die Zerstörung der Stadt erinnert.

wenige Minuten nachdem kurz nach ein Uhr die ersten Bomben eingeschlagen sind, brennen einige Häuser, um 1.15 Uhr sind es schon ganze Wohnblocks, um 1.30 Uhr bilden Tausende von Häusern ein einziges Flammenmeer.

Während sich den Flugzeugbesatzungen ein unglaubliches, faszinierendes und schauerliches Schauspiel bietet, ist es für die Menschen in der Stadt das Inferno. Es ist um 2.25 Uhr, als der Dienstführer der Luftschutzleitung Hamburg in sein Protokollbuch einen neuen, bislang unbekannten Begriff einträgt: »Feuersturm«. Das, was er von draußen gemeldet bekommt, übersteigt alle Erfahrungen früherer Bombenangriffe, es lässt sich mit keinem bis dahin gebräuchlichen Wort beschreiben.

WIE DER FEUERSTURM ENTSTAND

Feuersturm bezeichnet ein physikalisches Phänomen. Er entsteht, wenn sich mehrere Brandherde vereinigen. Dann wird die glühend heiße Luft wie in einem Kamin durch ihren Auftrieb kilometerweit nach oben gewirbelt. Wasserdampf, der in höheren Luftschichten kondensiert, erhöht die Temperatur noch weiter und verstärkt dadurch den Auftrieb. Durch diesen Schloteffekt entsteht am Boden ein enormer Unterdruck, der mit unglaublicher Gewalt die Luft aus der gesamten Umgebung in den Brandherd saugt, diesem damit neuen Sauerstoff zuführt und ihn ständig neu entfacht. Mehr als fünf Stunden tobt am 28. Juli 1943 der Feuersturm, der erst abzuebben beginnt, als er nicht mehr ausreichend brennbare Nahrung findet. Tausende Menschen werden von dem Sturm erfasst, mitgerissen und binnen Sekunden verbrannt. Andere ersticken in den Bunkern, werden von abstürzenden Dächern erschlagen, verschüttet, zerquetscht.

Mindestens 34 000 Todesopfer

Der Angriff vom 28. Juli 1943 ist der schlimmste, aber nicht der erste und letzte, der Hamburg heimgesucht hat. Vom 18. Mai 1940 bis zum 17. April 1945 ist die Hansestadt Ziel von 213 Luftangriffen. Bei der »Operation Gomorrha«, den sechs Angriffen zwischen dem 25. Juli und dem 6. August 1943, werden insgesamt 4491 Tonnen Spreng- und 4192 Tonnen Brandbomben auf Hamburg abgeworfen. Das kostet mindestens 34 000 Menschen das Leben. Das sind 82 Prozent aller Hamburger Luftkriegsopfer. Insgesamt gibt es 125 000 Verletzte, und 900 000 Menschen werden obdachlos. Mehr als die Hälfte aller Wohnungen und ein großer Teil der öffentlichen Gebäude, Krankenhäuser, Schulen und Bahnhöfe werden zerstört. Bis Mitte August 1943 dauert es, bevor die Strom-, Wasser- und Gasversorgung zumindest notdürftig wiederhergestellt sind. Niemand spricht damals von »Kolateralschäden«; im »totalen Krieg«, den Goebbels im Februar 1943 im Berliner Sportpalast proklamiert hat, gibt es für Zivilisten kein Pardon. Die meisten Überlebenden leiden noch Jahre an den Folgen der Angriffe, doch die Kriegswirtschaft hat schon fünf Monate danach wieder 80 Prozent ihrer früheren Produktion erreicht. Für Hamburg ist die »Operation Gomorrha« die größte Katastrophe seiner Geschichte.

Flüchtlinge aus dem Osten

Die Stadt ist zerstört, aber der Krieg noch längst nicht zu Ende. Es dauert fast noch zwei Jahre, bis die Waffen endlich schweigen. Aufgrund der Wohnungsnot gibt es für Hamburg eine restriktive Zuzugsbeschränkung. Trotzdem kommen seit dem Herbst 1944 immer mehr Menschen in die Stadt. Es sind Flüchtlinge aus dem Osten. Diese Menschen, die keineswegs alle Nazi-Gegner sind, aber das Scheitern des NS-Systems am eigenen Leibe erfahren haben, stellen die Hamburger Behörden vor riesige Probleme. Nach dem Beginn der sowjetischen Großoffensive Mitte Januar 1945 steigt die Zahl der in Hamburg registrierten Flüchtlinge sprunghaft an. Im Februar sind es manchmal bis zu 600 »Volksgenossen aus dem Osten«, die sich täglich bei den Behörden melden. Sie werden registriert und in Behelfsquartieren untergebracht.

Zugleich verschlechtert sich die Versorgung mit Lebensmitteln immer mehr: Nachdem die Rationen, die man auf Bezugsschein erhält, bereits im Februar gekürzt werden, verringert sich die Zuteilungsmenge für »Normalverbraucher« im April noch einmal. Umso überraschender ist es für die Hamburger, dass sie ab 15. April für kurze Zeit wieder Lebensmittel und viele andere Mangelwaren kaufen können. Angesicht der vorrückenden Engländer lassen die Behörden die Lager räumen.

Mit der S-Bahn an die Front

In den letzten Kriegstagen haben Gerüchte Hochkonjunktur. Jeder hat etwas gehört, aber niemand weiß etwas Genaues. Dass es dem Ende entgegengeht, kann man inzwischen sogar der propagandistischen »Hamburger Zeitung« entnehmen, deren Kriegsberichterstatter inzwischen schon mit der S-Bahn zur Front fahren. Die Engländer stehen seit Mitte April vor der Stadt. Aber was wird geschehen, wenn englische Panzer durch Hamburg rollen? Wird es Kämpfe und Tote geben wie zuvor schon in Bremen? Am 13./14. April fordert ein Bombenangriff auf Hamburg noch einmal 150 Tote und 227 Verletzte – Alltag im totalen Krieg. Am 17. April werfen alliierte Flugzeuge dann zum letzten Mal Bomben über der Stadt ab. Trotzdem wird hier weiter gestorben. Noch in der Nacht vom 20. zum 21. April ermorden SS-Angehörige 20 jüdische Kinder, zwei Pfleger, zwei Ärzte und 24 sowjetische Kriegsgefangene in der Schule am Bullenhuser Damm.

Hamburgs südliche Randbezirke liegen unter britischem Artilleriebeschuss, doch die meisten Hamburger hoffen auf eine friedliche Übergabe der Stadt. Auch viele Soldaten sehen nicht ein, warum sie in aussichtsloser Lage weiterkämpfen sollen. Aber wer desertiert, begibt sich in Gefahr, noch standrechtlich erschossen zu werden. Manche Hamburger befürchten auch, dass die Rote Armee in die Stadt einrücken könnte. Von den Flüchtlingen haben sie schreckliche Erlebnisberichte gehört, von Vergewaltigungen und Gewaltexzessen. Diejenigen, die noch über ein Radiogerät verfügen und außerdem noch mit Strom versorgt werden, hören am 1. Mai die folgende Meldung: »Der Führer ist heute Nachmittag auf seinem Befehlsstand in der Reichskanzlei, bis zum letzten Atemzug gegen den Bolschewismus kämpfend, für Deutschland gefallen.« Tags darauf wendet sich Gauleiter und Reichsstatthalter Karl Kaufmann an Parteigenossen und Volksgenossen mit einer »heißen Bitte«: »Legt Euer Schicksal und Eure Zukunft vertrauensvoll wie bisher in meine Hand, folgt mir in unerschütterlichem Glauben und unerschütterlicher Disziplin auf diesem schweren Wege, den ich zu Ende gehen werde für das Wohl der mir anvertrauten Stadt und ihrer Menschen.«

Was damit gemeint ist, erfahren die Hamburger noch am selben Tag: Gegen 13 Uhr wird im Schaufenster der »Hamburger Zeitung« am Gänsemarkt Kaufmanns Kapitulationsaufruf vorzeitig veröffentlicht. Nur einen Tag später, am 3. Mai, hängt dort bereits die Bekanntmachung der englischen Militärs. In dicken Lettern steht da zu lesen: »Heute Mittag beginnt der Einmarsch der Besatzungstruppen.«

Die Zeit steht still

Es ist eine merkwürdige Szene: General Wolz, der Kampfkommandant von Hamburg, wartet seit 17 Uhr im Rathaus darauf, die Stadt an die Engländer zu übergeben. Diese sind zwar ohne Zwischenfälle eingetroffen, füttern aber auf dem Rathausmarkt erst einmal die Tauben. Der historische Moment – immerhin wird Hamburg zum ersten Mal seit 1814 von fremden Truppen besetzt – verzögert sich, da Brigadegeneral Spurling noch fehlt. Kurz nach 16 Uhr ist mit dem Codewort »Baltic« der Einmarsch ausgelöst worden. Danach hat sich die 7. Panzerdivision in drei Marschblöcken der Stadt genähert. Die Konvois, die von Hittfeld, von Nenndorf und von Buxtehude aus anrollen, werden zunächst von jeweils einem deutschen Offizier mit der notwendigen Ortskenntnis an der Spitze begleitet. Erst vor den Elbbrücken vereinigen sich die Marschblöcke.

Die Straßen sind menschenleer, denn seit 13 Uhr herrscht Ausgangssperre. Nur an wichtigen Kreuzungen stehen vereinbarungsgemäß Hamburger Polizisten, während sich die letzten verbliebenen Wehrmachtsverbände nach Schleswig-Holstein zurückgezogen haben.

Viele Hamburger stehen an den Fenstern ihrer Wohnungen und sehen durch die Gardinen die schweren britischen Tanks und die Mannschaftswagen über das Pflaster rattern, sich der Innenstadt nähern und alle strategisch wichtigen Positionen besetzen.

3. Mai 1945, 18.25 Uhr: Exakt zu diesem Zeitpunkt salutiert General Alwin Wolz, der vor dem Eingang des Rathauses steht, und übergibt dem gerade eingetroffenen Brigadegeneral John M. K. Spurling die Stadt. Anschließend gehen sie in den Audienzsaal des Rathauses, wo Reichsstatthalter Kaufmann, Bürgermeister Krogmann, Staatssekretär Ahrens sowie die Senatoren und andere hohe Hamburger Funktionsträger warten. Kaufmann, dem Spurling zur Begrüßung die Hand reicht, erklärt, dass Hamburg kapituliere, um den unnötigen Tod von mehreren Hunderttausend Frauen und Kindern zu verhindern.

Fast alle Zeitzeugen, die sich Jahrzehnte später an den 3. Mai 1945 erinnern, berichten von Momenten einer eigentümlichen Stille: Der Krieg ist vorbei, aber der Frieden hat noch nicht begonnen.

Neuanfang und Wiederaufbau:
Von 1945 bis nach der Jahrtausendwende

Die Stadt liegt in Trümmern, viele Menschen haben noch immer keine Wohnung, die Versorgung mit Lebensmitteln ist schlecht und auch sonst werden die britischen Besatzungsbehörden in der unmittelbaren Nachkriegszeit vor gewaltige Probleme gestellt. Der Schwarzmarkt blüht, viele Hamburger reisen zu Hamsterfahrten auf die Dörfer, um sich im Tausch gegen Wertgegenstände mit den notwendigsten Lebensmitteln zu versorgen. Aber es gibt auch hoffnungsvolle Zeichen: Am 21. Februar 1946 erscheint die erste Ausgabe der Wochenzeitung »Die Zeit« und markiert damit einen publizistischen Neubeginn. Am 2. April folgt die erste Ausgabe der Tageszeitung »Die Welt«, und nachdem der Verleger Axel Springer die Lizenz erhalten hat, kann auch sein »Hamburger Abendblatt« am 14. Oktober 1948 erstmals erscheinen.

Architektonischer Aufbruch in die Moderne

Mitten in der Trümmer- und Ruinenstadt in Harvestehude entstehen in den Jahren 1946 bis 1956 die Grindel-Hochhäuser, acht- bis vierzehnstöckige Wohnbauten eines völlig neuen Typs, glatt, funktional und von einer Ästhetik, die der klassischen Moderne verpflichtet ist. Geradezu futuristisch wirken die zwölf Blöcke der Großwohnanlage damals auf die Hamburger. Acht Architekten projektieren das Ensemble gemeinsam und orientieren sich dabei an der schon 1924 von Ludwig Hilberseimer propagierten Utopie einer Hochhausstadt. Insgesamt 2100 Wohnungen entstehen in den gelb verklinkerten Hochhäusern, die zunächst die britischen Besatzungsbehörden nutzen, dann aber an die Wohnungsbaugesellschaft SAGA übergeben. Auch überregional sorgt das Projekt für Aufsehen. »Mit der Vollendung dieser Bauten, die auf den

125

Die 1946–56 errichteten Grindel-Hochhäuser galten als Symbole des Fortschritts und eines neuartigen Städtebaus. – Fotografie, 1950.

Betrachter unzweifelhaft eine faszinierende Wirkung aus-
üben, ist der Hochhausbau in Deutschland endlich aus dem
Stadium der theoretischen Diskussion in das des praktischen
Beispiels gelangt«, berichtet die »Westdeutsche Allgemeine
Zeitung« im April 1950 aus Hamburg, als die ersten beiden
Blöcke bezogen werden. Die »Rhein-Neckar-Zeitung« titelt
»Hamburg baut Wolkenkratzer« und bewertet das gar als
»ersten Schritt zu Elb-Manhattan«, während das »Hamburger
Echo« die Hochhäuser als »große Leistung architektonischer
Kunst« würdigt. Das »Hamburger Abendblatt« geht auf die
Wohnverhältnisse ein und konstatiert ein »neues Lebens-
gefühl« der Bewohner.

Am Anfang ziehen vor allem Angehörige der Mittelschicht
in die Wohnungen, die mit Fahrstuhl, Fernheizung, Bad und
Müllschlucker einen ungewohnt hohen Standard bieten. So
neuartig wie die Architektur ist auch die großzügige Gestaltung der Grünflächen, auf denen 1956 bis 1958 zahlreiche

Bildwerke aufgestellt werden, u. a. die »Schwäne« von Karl-August Orth und der »Große Speerträger« von Fritz Fleer.

Kulturelle Blüte

Die 50er-Jahre sind eine Zeit des Aufbruchs. Hamburg ist Teil der jungen Bundesrepublik und orientiert sich nach Westen. Der erste gewählte Nachkriegsbürgermeister ist der Sozialdemokrat Max Brauer, der vor der NS-Zeit bereits Bürgermeister von Altona war. 1953 wird der SPD-Senat durch den konservativen Hamburg-Block abgelöst, Brauers Amtsnachfolger wird der CDU-Politiker Kurt Sieveking. Hamburg partizipiert nicht nur am bundesdeutschen Wirtschaftswunder, sondern erlebt eine eigene kulturelle Blüte. Der Wiederaufbau verleiht der Stadt das für die 50er-Jahre typische, damals moderne Gepräge. Am 15. Oktober 1955 wird mit einer Aufführung von Mozarts »Zauberflöte« das neue Haus der Hamburgischen Staatsoper an der Dammtorstraße eröffnet und mit der Berufung von Gustaf Gründgens zum Intendanten beginnt am 1. August desselben Jahres am Deutschen Schauspielhaus eine glanzvolle Ära. Für Glamour sorgt am 15. Mai 1959 Maria Callas, die in der weitgehend unzerstört gebliebenen Musikhalle ihr erstes Deutschland-Gastspiel gibt. Schon im Februar 1955 war der persische Kaiser Schah Resa Pahlewi mit seiner Gattin Soraya zu einem Besuch in die Stadt gekommen – ein Ereignis, das nicht nur die Klatschpresse mit größtem Interesse verfolgte.

1962: Die große Flut

Die Katastrophe, die sich Anfang 1962 ereignet, kommt völlig unerwartet. Zwar hat es an dem stürmischen 16. Februar Orkanwarnungen des Seewetteramtes gegeben, doch gesendet werden diese nur über den Polizeifunk. Die Bevölkerung weiß zwar von dem Orkan, der an der Nordseeküste tobt, doch die meisten Menschen fühlen sich sicher. Schließlich sind in den letzten Jahren die Deiche an vielen kritischen Stellen verstärkt

Völlig unerwartet wurde Hamburg am 16. Februar 1962 von einer der größten Flutkatastrophen seiner Geschichte heimgesucht.

worden. Dann geschieht das, was keiner für möglich gehalten hat: Der Orkan, der die Stärke 13 erreicht hat, drückt mit immer größerer Wucht gegen die Küste und in die Elbmündung hinein. Bis kurz nach Mitternacht halten die Deiche in Hamburg, doch am 17. Februar 1962 um 0.14 Uhr beginnt die Katastrophe mit einem Deichbruch am Neuenfelder Rosengarten. Bald darauf werden die Deiche bei Altenwerder überflutet. Kurz nach zwei Uhr bricht Wasser in den Elbtunnel ein, der Alte Wall wird überschwemmt, das Telefonnetz von Feuerwehr und Polizei fällt teilweise aus. Da die Kraftwerke überflutet werden, bricht die Stromversorgung in vielen Hamburger Stadtteilen zusammen. Um 2.40 Uhr überschwemmt die Flut auch den Rathausmarkt. Gegen drei Uhr erreicht sie mit 5,73 über Normalnull am Pegel St.-Pauli ihren höchsten Stand.

Als ungefähr zur selben Zeit der Deich am Spreehafen dem Druck der Wassermassen nicht mehr standhält, ergießt sich eine gewaltige Flutwelle über die Insel Wilhelmsburg, wo 60 000 Menschen eingeschlossen werden. Viele versuchen auf die Dächer ihrer Häuser zu flüchten, andere klettern auf Bäume und warten verzweifelt auf Hilfe. Die geringsten Überlebenschancen haben jene, die in den tief gelegenen Gartenkolonien in Lauben und anderen Behelfsunterkünften leben. Die Rettungsaktion läuft zwar schnell an, aber es bleibt ein Kampf gegen die Zeit. Oft können die Helfer nur Tote bergen. Leiter der Aktion, an der sich 25 000 Helfer beteiligen, ist der damalige Innensenator und spätere Bundeskanzler Helmut Schmidt (1918–2015). Um Kompetenzen und Zuständigkeiten schert er sich kaum, alle Fäden laufen in dem von ihm geleiteten provisorischen Notstab zusammen. Bald sind 150 Hubschrauber im Einsatz, die mehr als 1000 Menschen retten. Die meisten werden von den Dächern ihrer Häuser geholt. Die Bilanz der Katastrophe ist verheerend: 315 Menschen verlieren allein auf Hamburgischem Gebiet ihr Leben, 20 000 müssen in Notquartiere gebracht werden.

Am 26. Februar 1962 treffen sich etwa 100 000 Menschen auf dem Rathausmarkt, um Abschied von den Flutopfern zu nehmen.

Wie groß der Schock damals ist, zeigt ein Bericht, den das Nachrichtenmagazin »Der Spiegel« am 28. Februar 1962 ver-

DIE SPIEGEL-AFFÄRE

Am 26. Oktober 1962 rasen Polizeiwagen mit Blaulicht und Sirene in die Innenstadt zum Speersort. Es geht aber nicht darum, einen Bankraub zu verhindern, sondern Journalisten zu verhaften. Auf Anweisung der Bundesanwaltschaft werden die Redaktionsräume des in Hamburg erscheinenden Nachrichtenmagazins »Der Spiegel« besetzt, Unterlagen beschlagnahmt und die leitenden Redakteure festgenommen. Grund ist ein Bericht über die mangelnde Einsatzfähigkeit der Bundeswehr, mit dessen Veröffentlichung »Der Spiegel« angeblich Landesverrat begangen habe. Der Vorwurf erweist sich als haltlos, es gibt Proteste gegen die Missachtung der Pressefreiheit und der damalige Verteidigungsminister Franz-Josef Strauß muss als Hauptverantwortlicher der »Spiegel-Affäre« zurücktreten.

HINTERGRUND

öffentlicht. Darin heißt es: »Eine moderne Weltstadt, 750 Quadratkilometer groß und musterhaft organisiert, eine Festung aus Menschen, Beton und Energie, zeigte sich gegen ein 100 Kilometer entferntes Randmeer des Ozeans so anfällig wie ein Pfahldorf der Primitiven. Drei Tage lang war das Pfahldorf der Zivilisierten mit seinen fast zwei Millionen Einwohnern paralysiert. Ohne Strom, Gas und Telefon wurde Hamburg dunkel und schlapp.«

Knapp anderthalb Monate nach der Flutkatastrophe wird in der Großen Freiheit 39 der »Star-Club« eröffnet. Zum Auftakt spielt unter anderem eine englische Gruppe, deren Namen damals kaum jemand kennt: »The Beatles«. Für die Band aus Liverpool ist Hamburg die Stadt, in der ihre Weltkarriere beginnt.

Bei einer Festveranstaltung der Universität enthüllten die Hamburger Studenten Detlev Albers und Gert Hinnerk-Behlmer am 9. November 1967 dieses Protestplakat, dessen Spruch zu einem der bekanntesten Slogans der 68er-Bewegung wurde.

Unter den Talaren Muff von 1000 Jahren

Proteste bestimmen vor allem die späten 60er-Jahre. Während des erneuten Besuchs des Schahs von Persien kommt es am 5. Juni 1967 zu Demonstrationen, bei denen auch Gewalt angewendet wird. Vor allem die Studenten begehren nicht nur gegen das reaktionäre Regime in Persien, sondern auch gegen verkrustete soziale Strukturen in der Bundesrepublik auf. »Unter den Talaren Muff von 1000 Jahren« heißt die Aufschrift eines Spruchbandes, das zwei Hamburger Studenten bei einem Festakt der Universität vor den akademischen Honoratioren hertragen.

HOCHSCHULSTADT

Vergleichsweise spät, nämlich erst 1919, wurde Hamburg zur Universitätsstadt. Die Gründung der Alma Mater geht auf die Initiative der Hamburgischen Wissenschaftlichen Stiftung und damit auf bürgerschaftliches Engagement zurück. Inzwischen ist die Hansestadt eine der bedeutendsten Hochschulstandorte in ganz Deutschland. Neben der Universität gibt es elf weitere Hochschulen. Dazu zählen u. a. die Technische Universität Hamburg-Harburg (TUHH), die Hochschule für Bildende Künste (HfbK) sowie die Universität der Bundeswehr und die private Bucerius Law School. Fast 70 000 Studenten sind gegenwärtig in Hamburg immatrikuliert.

Autofreie Sonntage

Anfang der 70er-Jahre sind die Zeiten der Entbehrungen und des Mangels längst vorbei und fast vergessen. Beinahe alles scheint es im Überfluss zu geben, und kaum jemand denkt daran, dass sich das jemals ändern könnte. Der Liter Benzin kostet weniger als eine Mark, und das gilt keineswegs als besonders preiswert. Doch dann scheint die Ära des Überflusses mit einem Mal vorüber zu sein: Als die OPEC Anfang November 1973 den Ölhahn zudreht, verstehen die Bundesbürger die Welt nicht mehr. Auch in Hamburg bilden sich vor den Tankstellen lange Schlangen, es gibt Panikkäufe, und bald müssen die Pächter mangels Benzin ihre Tankstellen dichtmachen. Die Nation der Autofahrer ist an einer ihrer empfindlichsten Stellen getroffen. Um Energie zu sparen, beschließt die Bundesregierung am 19. Dezember 1973 eine »Verordnung über Fahrverbote und Geschwindigkeitsbegrenzungen für Motorfahrzeuge«. In Paragraph 1 heißt es: »Am 25. November sowie am 2., 9. und 16. Dezember 1973 dürfen Kraftfahrzeuge, Wasserfahrzeuge mit Maschinenbetrieb und motorbetriebene Luftfahrzeuge in der Zeit von 3.00 bis 3.00 Uhr des jeweiligen folgenden Tages nicht benutzt werden.« Im Klartext: Vier Sonntage müssen die Deutschen ohne Auto auskommen.

Am 25. November bietet Hamburg ein völlig verändertes Bild. Es ist ein trüber, kalter Tag: Totensonntag. Auf den Straßen herrscht ungewohnte Ruhe. Selbst die Hauptverkehrsstraßen und Autobahnen wirken wie ausgestorben. Über Nacht hat es ein bisschen geschneit. Fußgänger laufen über die Ost-West-Straße, Kinder fahren mit Rollschuhen über die Fahrbahnen, sonst beherrschen vor allem Radfahrer das Bild. Kommt wirklich mal ein Auto, ist es schon aus großer Entfernung zu hören. Ein paar Tausend Fahrer mit Ausnahmegenehmigungen, z. B. für Dienstfahrzeuge von Behörden, Taxis, für Ärzte im Einsatz und auch für die Händler vom Fischmarkt, stören die allgemeine Ruhe kaum. Der Flughafen Fuhlsbüttel wirkt ebenfalls wie ausgestorben.

In Hamburg ist die Stimmung an diesem Tag verhalten. Es gibt zwar auch Kritik, doch das Fahrverbot wird weitgehend eingehalten. Die Hamburger Polizei, die mit 100 Streifenwagen unterwegs ist, macht 1427 Kontrollen und stellt nur 19 Verstöße fest. Das Strafmaß liegt bei 500 Mark. Die meisten Hamburger weichen auf öffentliche Verkehrsmittel aus, die daher völlig überfüllt sind. Der Hamburger Verkehrsverband (HVV) befördert an diesem Tag eine Million Fahrgäste – doppelt so viele wie an einem normalen Sonntag. In ganz Hamburg bleiben nur 22 Ampeln in Betrieb. Viele Fußgänger genießen die leeren Straßen, die sie mühelos überqueren und sich auch von Ampelrot nicht aufhalten lassen. Es gibt aber Passanten, die solche Regellosigkeit prinzipiell ablehnen und selbst an leer gefegten Kreuzungen wie gewohnt das erlösende Grün abwarten.

In dem zweitgrößten europäischen Hafen wurden 2014 etwa 9,7 Millionen Container umgeschlagen – Tendenz steigend.

Brücken, Tunnel und Passagen

1974 bekommt Hamburg mit der Köhlbrandbrücke ein weithin sichtbares, spektakuläres Bauwerk. In 53 Meter Höhe überspannt sie einen Teil des Hafens. Anfang 1975 wird dann der 3,3 Kilometer lange Elbtunnel eingeweiht. Das 100 Millionen Mark teure Bauwerk ist Teil der westlichen Autobahnumgehung.

1980 eröffnet das von den Architekten von Gerkan, Marg und Partner (gmp) errichtete Hanse-Viertel seine Pforten. Es ist das erste neu erbaute innerstädtische Passagenviertel und gilt mit seiner ebenso soliden wie ästhetisch anspruchsvollen Backsteinarchitektur als vorbildhaft.

Heftige Kontroversen begleiten dagegen von 1980 an die Umgestaltung des zur Fußgängerzone erklärten 15 000 Quadratmeter großen Rathausmarktes. Die Verlegung von 83 000 Granitplatten und die Errichtung zweier gläserner Galerien kostet insgesamt etwa 38 Millionen Mark – dafür kann das Ergebnis dann doch auf Dauer überzeugen.

Im Mai 1989 feiert Hamburg den 800. Geburtstag seines Hafens mit enormem Aufwand. Unter den Hunderttausenden von Gästen sind auch einige politisch »handverlesene« Besucher aus Dresden. Bereits seit 1987 besteht ein Partnerschaftsvertrag mit der sächsischen Metropole. Noch ahnt niemand, dass nur wenige Monate später Hunderttausende DDR-Besucher in Hamburg eintreffen werden: Unmittelbar nach dem Fall der Mauer am 9. November 1989 machen sich unzählige Ostdeutsche mit dem Zug oder dem Auto auf den Weg in die Hansestadt, wo sie euphorisch begrüßt werden. Von nun an bestimmen Trabis und Wartburgs monatelang das Hamburger Straßenbild.

Touristische Attraktionen

Mit dem Fall der Mauer ist Hamburg aus seiner Randlage an der Grenze zum Ostblock herausgetreten und liegt nun im Zentrum des neuen Europas. Neue Märkte öffnen sich, die enorm gesteigerte Nachfrage lässt die Hamburger Wirtschaft wachsen und der Hafen boomt.

Mit internationalen Musical-Produktionen (u. a. »Cats« im Operettenhaus, »Phantom der Oper« in der 1990 eigens dafür erbauten Neuen Flora oder »König der Löwen« im Theater im Hafen) gelingt es der Stadt, den Tourismus anzu-

BIOGRAFIE /////////////

MARINESCHIFFE UND AIRBUS

Blohm + Voss ist die einzige Hamburger Großwerft, die heute noch existiert. Das traditionsreiche Unternehmen, 1877 gegründet von Hermann Blohm und Ernst Voss, baut inzwischen vor allem Marineschiffe und Großyachten und ist sehr erfolgreich im Bereich von Schiffsreparaturen. Außer dem Handel, der stetig wachsenden Hafenwirtschaft, dem Dienstleistungssektor und den Informationstechnologien gehört die Luftfahrtindustrie heute zu Hamburgs wichtigsten Arbeitgebern. Neben der Airbus-werft in Finkenwerder, wo u. a. wesentliche Teile des weltweit größten Passagierflugzeugs, des A 380, produziert werden, ist die Lufthansa Technik AG in Hamburg-Fuhlsbüttel weltweit führend im Bereich von Wartung, Reparatur und Umbau von Flugzeugen.

kurbeln. In der historischen Speicherstadt, die ihre eigentliche Funktion immer mehr verliert, entstehen dafür neue Museen und andere touristische Attraktionen. Geschickt vermarktet die Stadt ihr maritimes Flair, positioniert sich aber auch als Dienstleistungsstandort.

Medienstandort

In der Nachkriegszeit galt Hamburg unangefochten als westdeutsche Medienhauptstadt. Mit dem Nachrichtenmagazin »Der Spiegel«, der Wochenzeitung »Die Zeit« und der Illustrierten »Stern« werden nach wie vor einige der bundesweit wichtigsten Publikationen in Hamburg produziert. Großverlage wie Gruner + Jahr, Bauer und Axel Springer haben jahrzehntelang die hiesige Medienszene beherrscht. Obwohl Axel Springer nach wie vor u. a. mit »Hör zu« und dem »Hamburger Abendblatt« in der Stadt vertreten ist, sind dessen Aktivitäten inzwischen stark nach Berlin ausgerichtet. Nachdem die Tages-

Nach Seattle und Toulouse ist Hamburg der drittgrößte Flugzeugbau-Standort der Welt. Auch Teile des Airbus A 380 – hier im Bild – werden auf der Flugzeugwerft in Finkenwerder hergestellt und montiert. – Fotografie der Präsentation des ersten Rumpfteils des A 380, März 2004.

zeitung »Die Welt« Hamburg schon vor Jahren verließ, zog 2008 auch »Bild«, Europas größte Boulevardzeitung, von der Elbe an die Spree. Dennoch bleibt Hamburg ein wichtiges Medienzentrum: Hier sitzt dpa, Deutschlands größte Nachrichtenagentur, hier produziert der Norddeutsche Rundfunk (NDR) täglich »Tagesschau« und Tagesthemen«, im »Studio Hamburg« werden zahlreiche Filme gedreht und noch immer sind in Hamburgs Medienwirtschaft mehr als 60 000 Menschen beschäftigt.

Die HafenCity

Am 25. Mai 1997 überrascht der damalige Bürgermeister Henning Voscherau die Öffentlichkeit, indem er ein Jahrhundertprojekt ankündigt. In einer Rede sagt er: »Große Zukunftsprojekte, die immer dann beschlossen wurden, wenn gewachsene Strukturen ihre Tragkraft allmählich einzubüßen begannen, sind das Geheimnis der Stärke Hamburgs. Mit dieser Bereitschaft haben Senat und Bürgerschaft einen Niedergang unserer Stadt über Jahrhunderte ausgeschlossen und immer wieder neu erreicht, dass Hammonia wie Phönix aus der Asche aufsteigen konnte.«

Unter größter Geheimhaltung hatte die Stadt zuvor in Bereichen, die früher zum Hafen gehörten, aber durch die neue Containertechnologie nicht mehr gebraucht wurden, Grundstücke für einen völlig neuen Stadtteil erworben. Die HafenCity soll zu Beginn des 21. Jahrhunderts Hamburg wieder zur Elbe öffnen, die Innenstadt erweitern und durch Kultur-, Freizeit- und Unterhaltungsangebote zu einem neuen touristischen Anziehungspunkt werden.

Und 2003 schickt sich Hamburg sogar an, erstmals seit vielen Jahrzehnten wieder architektonische Zeichen zu setzen, die sogar international wahrgenommen werden. Die renommierten Schweizer Architekten Herzog & de Meuron stellen die Entwürfe für ein Projekt vor, das Kulturliebhaber sofort fasziniert, bei den Verantwortlichen der Stadt jedoch zunächst kaum auf Gegenliebe stößt: Auf dem Sockel des denkmalgeschützten Kaispeichers A aus den 1960er-Jahren wollen sie in

Nach erheblichen Kostensteigerungen und Verzögerungen steht der Einweihungstermin der Elbphilharmonie endlich fest: Das Eröffnungskonzert soll am 11. Januar 2017 stattfinden.

kühner Glasarchitektur ein himmelwärts strebendes Konzerthaus bauen. Neben drei Sälen soll der riesige Baukörper auch Eigentumswohnungen, ein Hotel, gastronomische Einrichtungen und eine öffentlich zugängliche Plaza mit Panoramablick auf Stadt und Hafen erhalten. Die wahrzeichenhafte Architektur dieser Elbphilharmonie, die gar mit weltbekannten Bauwerken wie der Sydney-Oper und dem Guggenheim-Museum in Bilbao verglichen wird, erscheint so überzeugend, dass es nicht nur innerhalb von kurzer Zeit gelingt, die Verantwortlichen in der Stadt und die Öffentlichkeit für diese Vision zu begeistern, sondern auch private Spenden in zweistelliger Millionenhöhe dafür zu bekommen.

Die Vorfreude ist groß und Hamburg träumt davon, mit der Elbphilharmonie Anschluss an die ganz großen Musikmetropolen zu finden. Aber schon bald nachdem die Bauarbeiten im Jahr 2007 begonnen haben, reiben sich die Verantwortlichen der Stadt die Augen, und in der Öffentlichkeit wird der große Traum immer mehr als Alptraum empfunden: Grund dafür sind die geradezu explosionsartig hochschießenden Baukosten bei gleichzeitiger Verzögerung der Fertigstellung. Gegenüber dem Zeitpunkt der Vertragsunterzeichnung zwischen der Stadt als Auftraggeberin und dem Investorenkonsortium haben sich die Baukosten im Frühjahr 2011 um 86 Prozent erhöht. Auf die Freie und Hansestadt Hamburg kommen damit Kosten von mindestens 323 Millionen Euro zu. Aus dem Jahrhundertprojekt, das vor allem von privaten Spendern und Investoren finanziert werden sollte, ist für die Stadt eine skandalträchtige Baustelle geworden, die in der Öffentlichkeit inzwischen als größenwahnsinnig angesehen wird. Ein wesentlicher Grund für die völlig aus dem Ruder laufenden Kosten ist der Dilettantismus, mit der die Kulturbehörde und die städtische Realisierungsgesellschaft das Projekt organisieren. Ursprünglich sollte die Elbphilharmonie 2010 fertig gestellt sein, inzwischen wird Ende 2016 damit gerechnet.

Dabei ist die eigentlich so gute Idee gründlich in Verruf geraten: Während die Stadt im Sozial- und Kulturbereich kräftig sparen muss, schluckt der Prestigebau am Hafen immer neue Millionen. Kein Wunder, dass inzwischen von einem »Schandmal für die Reichen« gesprochen wird. Überhaupt gärt es in der Hansestadt, deren schwarz-grüner Senat immer mehr in die Defensive gerät: Im Sommer 2009 besetzt eine Künstlerinitiative die letzten Reste des historischen Gängeviertels, das eigentlich schon an einen Investor verkauft worden ist, der große Teile der wertvollen Bausubstanz abreißen will. Doch die Künstler gewinnen die Sympathie großer Teile der Bevölkerung, sie setzen sich durch, erzwingen die Rückabwicklung des Verkaufs und sind nun dabei, hier ein sozial orientiertes alternatives Kunst- und Kulturprojekt mit Wohn-, Arbeits- und Begegnungsmöglichkeiten vor allem für junge Künstler zu etablieren.

Währenddessen schockiert Hamburgs populärer CDU-Bürgermeister Ole von Beust die Öffentlichkeit, als er am 18. Juli 2010 seinen Rücktritt ankündigt. Am selben Tag kommt das

Aus der vom schwarz-grünen Senat initiierten Schulreform, die eine Mehrheit der Wahlberechtigten in einem Volksentscheid ablehnt. Zwar folgt der frühere Innensenator Christoph Ahlhaus von Beust im Amt, doch kann er den Bruch der ersten schwarz-grünen Koalition auf Länderebene nicht mehr aufhalten, zu dem es Ende November 2010 kommt.

Bei der Bürgerschaftswahl am 20. Februar 2011 wird die CDU kräftig abgestraft: Sie stürzt mit 21,9 Prozent so stark ab wie nie zuvor bei einer Landtagswahl, während die SPD mit ihrem populären Spitzenkandidaten Olaf Scholz mit 48,3 Prozent ein Traumergebnis einfährt. Nach mehr als neun Jahren mit einem CDU-geführten Senat werden die Karten in der Hansestadt im Frühjahr 2011 wieder einmal neu gemischt, wobei die Grünen, die mit 11,2 Prozent drittstärkste Kraft sind, jedoch keine entscheidende Rolle mehr spielen können, denn die SPD regiert fortan mit absoluter Mehrheit.

Diesen Erfolg kann die SPD bei den Bürgerschaftswahlen am 15. Februar 2015 zwar nicht halten, sie verliert nun die absolute Mehrheit, bleibt aber mit 45,6 Prozent stark und regiert seither gemeinsam mit den Grünen. Mit 12,3 Prozent haben diese leicht zugelegt und rangieren knapp hinter den Christdemokraten, die noch einmal kräftig abgesackt sind und mit nur noch 15,9 Prozent der Wählerstimmen ein beispielloses Desaster erleben mussten. Bürgermeister Scholz, der in der Presse zunächst oft als hölzern und uninspiriert dargestellt wurde, ist in der Stadt nach wie vor populär und wird mitunter geradezu als Verkörperung hanseatischer Tugenden empfunden: Er gilt als seriös, zuverlässig, effizient und ernsthaft.

Die Speicherstadt wird UNESCO-Welterbe

Im Juli 2015 nahm die UNESCO die Hamburger Speicherstadt und das angrenzenden Kontorhausviertel mit dem Chilehaus in die Liste des Welterbes auf. Wie viele wichtige Hamburger Bauwerke wurden auch diese beiden Stadtquartiere aus Backstein zusammengefügt, jenem bodenständigen Baumaterial, das im Norden Europas eine ganze Kulturlandschaft hervorgebracht hat. Wer durch das weltweit größte zusammenhängende Lagerhausensemble schlendert, das ab 1885 innerhalb von knapp drei Jahrzehnten buchstäblich aus dem Boden gestampft wurde, dann eine der Brücken am Zollkanal überquert und schließlich das nördlich davon gelegene Kontorhausviertel erreicht, durchmisst ein gutes halbes Jahrhundert Stadtbaugeschichte und urbane Entwicklung. Wie im Zeitraffer zieht bei einem solchen Spaziergang die Epoche vorüber, die mit der industriellen Revolution einsetzte und aus der zwar erfolgreichen und stolzen, aber eben doch noch recht beschaulichen Handelsstadt eine pulsierende internationale Metropole machte.

Und damit den Menschen bei so viel Tempo und Wandel nicht schwindelig wurde, setzte man Ende des 19. Jahrhunderts zumindest bei der Gestaltung der Fassaden noch auf die aus der Geschichte vertrauten Formen, auf Bögen und Giebel, Erker und Rosetten. Franz Andreas Meyer, unter dessen Leitung die Speicherstadt in drei Bauabschnitten errichtet wurde, suchte ganz bewusst den Rückgriff auf historische Vorbilder und streifte seinen höchst zweckmäßig konzipierten Speichern ein architektonisches Gewand über, das an Burgen und Dome, Stadtmauern und Wachtürme erinnerte.

Doch die Zeiten änderten sich. Fritz Höger, Rudolf Klophaus, Hans und Oskar Gerson und die anderen Architekten des Kontorhausviertels konnten Anfang des 20. Jahrhunderts für neue Bauaufgaben auch neue Formen finden, was ihnen mit dem traditionsreichen Baumaterial Backstein auf bewundernswerte Weise gelang. Es lässt sich gut vorstellen, wie erstaunt und beeindruckt die Hamburger waren, als 1924 endlich die Gerüste fielen und die Ostspitze des Chilehauses wie der Bug eines Ozeanriesen aufragte. Ein Gebäude dieses Ausmaßes mit solch atemberaubender Dynamik, mit gotisierenden Bögen, vorkragenden Arkaden, geschwungenen Fassaden und plastischen Details war ganz und gar ungewohnt und modern, überzeugte aber vom ersten Moment an. Nie zuvor war ein Architekt so kühn und avantgardistisch mit dem seit dem Mittelalter vertrauten Backstein umgegangen wie Fritz Höger bei der Errichtung des Chilehauses, das einen damals völlig neuen Typus des Bürohauses verkörperte. Dass der Klinker für expressionis-

Blick von der Poggenmöhlenbrücke auf das Elbschlösschen, das zu den meistfotografierten Gebäuden der Speicherstadt gehört.

tische Architektur faszinierende Gestaltungsmöglichkeiten bot, zeigen auch der Messberghof, der Sprinkenhof und der Mohlenhof, die das in den 1920er- und 1930er-Jahren entstandene Kontorhausviertel bis heute prägen.

An Welterbe haben Höger und seine Kollegen in den 1920er-Jahren natürlich nicht gedacht, der Begriff war damals noch nicht einmal geprägt. Was heute als Denkmal der Bau- und Architekturgeschichte gilt, war damals ultramodern und wirkte wie das Symbol einer dynamischen und aufgewühlten Zeit. Plakate, mit denen Hamburg damals im In- und Ausland um Touristen warb, zeigten die wahrzeichenhafte Ostspitze des Chilehauses als Ausweis von Weltoffenheit und Modernität.

Und der geschäftige Alltag in den gewaltigen Gebäudekomplexen unterschied sich in der Tat von der Beschaulichkeit, die in den Kontoren der althamburgischen Kaufmannshäuser geherrscht haben mochte – und die die Planer der Speicherstadt ab 1885 gleich reihenweise abreißen ließen. Dass dabei prächtige Barockgebäude und sogar ein ganzes Viertel verloren gingen, dessen Charme wir heute vermutlich mit den Amsterdamer Grachtenvierteln vergleichen würden, war der Preis, den Hamburg nach der Reichseinigung für den wirtschaftlichen Anschluss an die Zukunft bezahlen musste.

Hamburg hatte die Speicherstadt dem Deutschen Reich einst abgerungen. Auf Wunsch des Reichskanzlers Otto von Bismarck sollte Hamburg bis 1888 in das deutsche Zollgebiet eingegliedert werden – was den Kaufleuten gar nicht gefiel. Sie pochten auf ihr Privileg, Importe zollfrei umzuschlagen, zu lagern und zu veredeln. Der Kompromiss: ein Freihafengebiet, das vom Anschluss an den Deutschen Zollverein ausgenommen war. 1881 wurde der Zollanschlussvertrag unterzeichnet. Es war der Startschuss für den Bau der Speicherstadt.

Während im neu erbauten Freihafen Waren aus vielen Ländern höchst effizient umgeschlagen und gelagert wurden, standen den Kaufleuten und deren Angestellten in den Kontorhäusern bei der Erledigung ihrer Geschäfte schon die technischen Segnungen des 20. Jahrhunderts zur Verfügung: Hier gab es Paternoster oder Fahrstühle, elektrische Beleuchtung, Telefone und Rohrpostanlagen.

Es ist ein Glücksfall der Geschichte, dass trotz aller Zerstörungen im Zweiten Weltkrieg und der verhängnisvollen Abrisswut der anschließenden Jahrzehnte die Speicherstadt und das Kontorhausviertel als zusammenhängende, einheitlich geprägte und weitgehend homogene Ensembles erhalten geblieben sind. Und ein weiterer Glücksfall ist die Tatsache, dass diese beiden Stadtquartiere keine musealen Areale, sondern lebendige Stadträume sind. Bauwerke werden durch ihre Funktion legitimiert. Sie lassen sich nur erhalten, wenn sie gebraucht werden.

Die Büros in den Gebäuden des Kontorhausviertels sehen heute zwar anders als vor 80 oder 90 Jahren aus, aber sie dienen noch immer ihrer ursprünglichen Funktion. Und obwohl der Freihafen seit dem 1. Januar 2013 nicht mehr besteht und in den neogotischen Häusern der Speicherstadt immer weniger Säcke mit Kaffee, Tee und Gewürzen sowie Teppiche gelagert werden, ist es gelungen, mit Museen, Gastronomie und Veran-

Das prächtige Verwaltungsgebäude der »Hamburger Hafen- und Lagerhaus- ▷
Aktiengesellschaft« (HHLA) wird gern als Rathaus der Speicherstadt
bezeichnet. Dahinter sieht man den Turm von St. Katharinen.

Fast verwunschen wirken diese historischen Industriegebäude, deren formenreiche Fassaden sich in den stillen Wasserflächen der Fleete spiegeln.

staltungsräumen neue Nutzungen zu finden, die die Geschichte des Viertels nicht nur respektieren, sondern für Einheimische und Besucher auch erlebbar machen.

Dabei hat es recht lange gedauert, bevor Hamburg die Schönheit und die besondere Atmosphäre der Speicherstadt erkannte; noch bis in die 1980er-Jahre hinein war das Lagerhausviertel jenseits der Zollschranken kaum im öffentlichen Bewusstsein verankert. Erst als Verkaufs- und Umnutzungspläne des damaligen Senats ruchbar wurden, regte sich Widerstand. Tausendfach tauchte damals der ovale Aufkleber »Kein Verkauf der Speicherstadt!« auf. Die Stimmung drehte sich, und die Stadtregierung gab die Pläne auf und ließ das Quartier 1991 unter Denkmalschutz stellen.

Spätestens seit April 2001, als der Lichtkünstler Michael Batz damit begann, die Speicherstadt nach Einbruch der Dunkelheit zu illuminieren, ist der Lagerhauskomplex gemeinsam mit dem angrenzenden Kontorhausviertel zu einer der am meisten bewunderten Hamburger Sehenswürdigkeiten geworden. Dank des UNESCO-Gütesiegels wird dieses Hamburger Architektur-Denkmal künftig weltweit noch deutlich an Renommee gewinnen.

Zeittafel

um 600	Am Zusammenfluss von Alster und Bille entsteht auf einer Geestzunge, die sich bis in die Elbniederung erstreckt, ein Dorf, das von den sächsischen Nordalbingiern bewohnt wird.
um 810	Karl der Große gliedert die nordelbischen Gebiete ins Frankenreich ein und sichert die Grenze mit Burgen.
um 815	Bau der Hammaburg.
832	Ansgar kommt als Missionsbischof nach Hamburg und lässt hier die hölzerne Marienkirche erbauen.
845	Überfall dänischer Wikinger, Hammaburg und Mariendom werden zerstört, Ansgar kann fliehen.
848	Die Bistümer Hamburg und Bremen werden vereinigt, Bischofssitz ist Bremen.
953	Hermann Billung wird Markgraf. Er übernimmt die Grenzsicherung an der Elbe.
966	Der abgesetzte Papst Benedikt V. stirbt in seinem Verbannungsort Hamburg.
983	Beim Aufstand slawischer Abodriten wird Hamburg zerstört.
um 1035	Erzbischof Bezelin Alebrand lässt mit dem Mariendom und seinem Bischofsturm die ersten Steinbauten errichten.
um 1040	Graf Bernhard II. erbaut die Alsterburg aus Stein.
1072	Slawen aus dem Wendland überfallen Hamburg.
1106	Erzbischof Friedrich kann holländische Siedler vertraglich dazu gewinnen, sich in den Elbmarschen niederzulassen und diese urbar zu machen.
1111	Graf Adolf I. von Schauenburg löst die Billunger als Hamburger Landesherr ab. Unter der Herrschaft der Schauenburger, deren Gebiet auch Holstein umfasst, beginnt für Hamburg eine Blütezeit.
1139	Die Burg Adolfs II. von Schauenburg wird zerstört.
1143	Im Alten Land wird die erste Holländer-Siedlung gegründet.
1189	Adolf III. erhält von Kaiser Friedrich Barbarossa einen Freibrief, in dem Hamburg wichtige Privilegien zugesichert werden, u. a. die freie Elbschifffahrt von der Mündung bis zur Stadt. Allerdings bleibt es bei einer mündlichen Zusage. – Bau eines Alsterdamms. Das aufgestaute Wasser treibt eine Kornmühle am Großen Burstah an.
1195	Erste urkundliche Erwähnung von St. Petri als Marktkirche. – Erste urkundliche Erwähnung der Neustadt.
1216	Erzbischöfliche Altstadt und gräfliche Neustadt schließen sich zusammen.

145

1227	Adolf IV. besiegt in der Schlacht bei Bornhöved die Dänen. – Er gründet das Franziskanerkloster St. Maria Magdalenen, das erste Kloster Hamburgs.
1228	Der Bremer Erzbischof Gerhard II. tritt seine Rechte über die Altstadt an Adolf IV. ab.
1230	Hamburgs erstes Rathaus wird erbaut.
Um 1230	Bau einer Stadtbefestigung in Form einer Ziegelmauer (1240 vollendet).
1235	Bau der Neuen Mühle am heutigen Jungfernstieg.
1236	Gründung des Dominikanerklosters St. Johannis.
1247	Erstmals wird das Hospital zum Heiligen Geist erwähnt. – Gründung des Zisterzienserinnenklosters Harwestehude.
1259	Erzbischof Hildebold fordert Hamburg heraus, indem er den Elbhandel behindert.
1260	Hamburg versucht vergeblich, mit seinen Kriegskoggen die Schwingemündung bei Stade zu blockieren.
1266	Erzbischof Hildebold lenkt ein. Er akzeptiert einen Schiedsspruch, der die Hamburger Rechte auf den Elbhandel bestätigt. Grundlage der Entscheidung ist der vom Hamburger Rat nachträglich ausgefertigte Freibrief Barbarossas.
1329	Nach 81-jähriger Bauzeit wird der neue Mariendom geweiht.
1350	Pestepidemie: Etwa ein Drittel der 10 000 Menschen umfassenden Bevölkerung stirbt.
1364	Adolf VII. verzichtet auf seine stadtherrlichen Rechte in Hamburg.
1370	Eine weitere Pestepidemie fordert zahlreiche Tote.
1398	Die Vitalienbrüder um Klaus Störtebeker werden von der Ostsee vertrieben, weichen auf die Nordsee aus und werden damit für Hamburg zum Problem.
1401	Störtebeker wird von einer Hamburger Flotte vor Helgoland gefangen genommen und auf dem Grasbrook hingerichtet.
1410	Statt Lübeck wird Hamburg für sechs Jahre Hauptstadt der Hanse.
1420	Hamburg und Lübeck erobern gemeinsam Bergedorf. Fortan werden die Vierlande beiderstädtisch regiert.
1448	Baubeginn des Alster-Trawe-Kanals, der eine Verbindung zur Ostsee herstellen soll. Das kostspielige Projekt scheitert an technischen Schwierigkeiten.
1459	Adolf VIII. stirbt kinderlos. Damit ist die Herrschaft der Schauenburger über Hamburg beendet.
1482	Statt auf eine Huldigung einigen sich die Hamburger mit dem dänischen König auf eine »Annehmung«.
1499	Bau des neuen Millerntors.
1503	Der päpstliche Legat Kardinal Raymond schlichtet einen Streit zwischen Rat und Domkapitel. Er kritisiert die Sittenlosigkeit des Hamburger Klerus, ohne etwas an den Zuständen ändern zu können.

1513	Domdekan Albert Krantz fordert die Domherren zu einem sittlichen Lebenswandel auf – ohne Erfolg.
1517	Albert Krantz erfährt noch auf dem Sterbebett von Luthers Reformation.
1518	Der Turm der Nikolaikirche ist fertiggestellt.
1523	In Hamburg wird die niederdeutsche Ausgabe des Neuen Testaments gedruckt. – Der Franziskaner Stefan Kempe predigt am Maria-Magdalenen-Kloster die lutherische Lehre.
1527	In St. Nikolai und später auch in den anderen Kirchspielen werden Gotteskästen gegründet.
1528	28. *April*: Bei einer öffentlichen Disputation im Rathaus setzten sich die Lutheraner gegenüber den Altgläubigen durch.
1529	Gründung des Johanneums. – Der »Englische Schweiß« fordert etwa 1000 Opfer.
	16. *Feb.*: Der Lange Rezess, der die Machtverteilung zwischen Rat und Bürgerschaft neu regelt, wird verabschiedet.
	15. *Mai*: Rat und Bürgerschaft billigen die von Johannes Bugenhagen verfasste Kirchenordnung – Hamburg ist nun evangelisch.
seit 1530	Die Befestigungsanlagen werden verbessert.
1567	3. *Dez.*: Im Streit um das Stapelrecht fällt das Reichskammergericht ein Urteil zugunsten Hamburgs. Als Beweismittel hatten die Hamburger eine detaillierte Karte des Elbverlaufs vorgelegt.
1611	Die englischen Kaufleute, die sich in der Vereinigung »Merchant Adventures« zusammengeschlossen haben, werden mit zahlreichen Privilegien ausgestattet und können in Hamburg ihre Religion ungehindert ausüben.
1616	Der dänische König gründet an der Niederelbe Glückstadt. Die Hafenstadt soll Hamburg Konkurrenz machen.
1620	Baubeginn der von dem niederländischen Spezialisten Johan van Valckenburgh entworfenen Befestigungsanlage, die Hamburg vor den Verheerungen des Dreißigjährigen Kriegs schützen wird.
1622	Gründung der »Casse der Stück von Achten«, mit deren Mitteln Seeleute, die von nordafrikanischen Piraten versklavt wurden, freigekauft werden können.
1630	4. *Sept.*: Nachdem Christian IV. in Glückstadt Zoll erhoben hat, kommt es zum Gefecht zwischen hamburgischen und dänischen Schiffen vor Cuxhaven.
1659	Der neue Turm von St. Katharinen ist fertig.
1664	Der dänische König Friedrich III. verleiht Altona das Stadtrecht.
1668/69	Die beiden Konvoischiffe »Leopoldus Primus« und »Wappen von Hamburg« werden in Dienst gestellt. Sie sollen Hamburger Handelsschiffe vor Piratenüberfällen schützen.
1678	2. *Jan.*: Eröffnung des Opernhauses am Gänsemarkt.
1685	St. Michaelis wird zum fünften Hamburger Kirchspiel erklärt.

1703	Georg Friedrich Händel kommt als Musiker ans Hamburger Opernhaus.
1712	12. Okt.: Der Hauptrezess regelt die Machtverteilung zwischen Rat und Bürgerschaft neu. Dieser Kompromiss beendet eine politische Krise.
1714	10 000 Menschen fallen der Pest zum Opfer.
1747	26. Okt.: In St. Georg wird die Dreieinigkeitskirche eingeweiht.
1750	10. März: St. Michaelis wird durch Blitzschlag zerstört.
1762	19. Okt.: Die neue Michaeliskirche wird geweiht. Damit bekommt Hamburg sein wichtigstes Wahrzeichen.
1765	Gründung der Patriotischen Gesellschaft.
1767	Gotthold Ephraim Lessing kommt als Dramaturg nach Hamburg. – Carl Philipp Emanuel Bach, ein Sohn des Thomaskantors, wird Musikdirektor der fünf Hauptkirchen und Kantor am Johanneum. Er tritt die Nachfolge des im selben Jahr verstorbenen Georg Philipp Telemann an.
1770	Am Gänsemarkt findet die Ziehung des ersten Zahlenlottos statt.
1774	Kontroverse zwischen Lessing und Johann Melchior Goeze, dem Hauptpfarrer von St. Katharinen. Lessing verarbeitet den Streit in seinem dramatischen Gedicht »Nathan der Weise«.
1785	Das Toleranz-Edikt erlaubt Reformierten und Katholiken die freie Religionsausübung.
1790	Hamburgs Bürger feiern die Französische Revolution. Zur gleichen Zeit bringen Revolutionsflüchtlinge französische Lebensart in die Stadt.
1794	Statt in den Hauptkirchen werden Hamburgs Tote jetzt überwiegend auf den neu angelegten Friedhöfen vor dem Dammtor beigesetzt.
1796	Friedrich Christoph Perthes eröffnet am Jungfernstieg die erste Sortimentsbuchhandlung in Deutschland.
1803	25. Febr.: Reichsdeputationshauptschluss. Mit der Aufhebung der geistlichen Fürstentümer wird auch das Domkapitel aufgehoben. Bis 1807 lässt Hamburg seinen Dom abreißen. 22. März: An der Beerdigung des Dichters Friedrich Gottlieb Klopstock nehmen etwa 50 000 Menschen teil.
1806	19. Nov.: 2600 französische Soldaten besetzen Hamburg. Beginn der »Franzosenzeit«.
1810	16. Nov.: Französische Soldaten verbrennen auf dem Grasbrook britische Waren.
1811	Hamburg wird dem französischen Kaiserreich einverleibt.
1813	18. März: 1400 russische Soldaten unter dem Kommando von Oberst Friedrich Karl Frhr. von Tettenborn vertreiben die Franzosen aus der Stadt. 30. Mai: Gegenangriff der Franzosen, die Tettenborns Truppen vertreiben und die Stadt wieder besetzen. 11. Nov.: Die Franzosen konfiszieren den gesamten Barbestand der Hamburger Bank (knapp 7,5 Mio Mark banco).

7. *Dez.*: Um freies Schussfeld zu bekommen, reißen die Franzosen die Vorstädte nieder.

25. *Dez.*: 1800 mittellose Hamburger müssen die Stadt verlassen. 1138 von ihnen sterben in den nächsten Wochen.

1814   23. *Mai*: Der Rat amtiert wieder.

1814   27. *Mai*: Die Verfassung (»Hauptrezess«) wird wieder in Kraft gesetzt. 31. *Mai*: Die französischen Truppen verlassen die Stadt. Ende der Franzosenzeit.

1816   17. *Juni*: Die »Lady of the Lake« ist das erste Dampfschiff, das Hamburg ansteuert.

1827   3. *Mai*: Eröffnung des Stadttheaters an der Dammtorstraße.

1833   12. *Sept.*: Johann Hinrich Wichern gründet das »Rauhe Haus«, eine Erziehungsanstalt, in der mittellose Kinder in familienähnlichen Gruppen versorgt und christlich erzogen werden.

1840   5. *Mai*: Das Johanneum bezieht seinen Neubau am Speersort.

1842   5. bis 8. *Mai*: Der Große Brand: In einem Speicher an der Deichstraße 44 bricht ein Feuer aus, das innerhalb von vier Tagen große Teile der Stadt verwüstet. 1. *Sept.*: Ein Plan zum Wiederaufbau wird verabschiedet.

1846   Die Alsterarkaden werden fertig gestellt.

1847   27. *Mai*: Gründung der Hamburg-Amerikanischen Packetfahrt-Actien-Gesellschaft (Hapag).

1848   8. *März*: Carl Hagenbeck stellt erstmals Tiere aus.

1860   28. *Sept.*: Mit der neuen Verfassung werden die bürgerlichen Kollegien als politische Gremien abgeschafft.

1863   24. *Dez.*: Truppen des Deutschen Bundes ziehen in Altona ein. Die Dänen räumen die Stadt.

1867   24. *Jan.*: Altona wird zur preußischen Stadt.

1867   1. *Juli*: Hamburg wird Mitglied des Deutschen Bundes.

1869   30. *Aug.*: Die Hamburger Kunsthalle wird als erstes städtisches Museum eröffnet.

1871   4. *Mai*: Die Verfassung des Deutschen Reichs gilt jetzt auch in Hamburg.

1873   15. *Febr.*: Statt der bisherigen Mark banco gilt jetzt die Währung des Deutschen Reichs in Hamburg.

1874   26. *Aug.*: Der neugotische Neubau der Nikolaikirche wird eingeweiht. Nach dem Ulmer Münster und dem Kölner Dom hat sie mit 147,7 Metern den dritthöchsten Kirchturm Deutschlands.

1881   25. *Mai*: Unterzeichnung des Zollanschlussvertrags.

1886   6. *Mai*: Grundsteinlegung für das neue Rathaus.

1887   Der neue Hafen nimmt Gestalt an.

1888   29. *Okt.*: Kaiser Wilhelm II. weiht die Speicherstadt ein.

1890   19. *April*: Die Ost-Afrika-Linie wird unter Federführung des Reeders Adolph Woermann gegründet.

1897   26. *Okt.*: Das neue Rathaus wird eingeweiht.

1899	Aug. bis Nov.: Cholera-Epidemie in Hamburg. Insgesamt erkranken 16 596 Menschen, 8605 von ihnen sterben. Grund für das Ausbreiten der eingeschleppten Seuche sind die katastrophalen hygienischen Bedingungen in den Armenvierteln der Stadt.
	30. Sept.: Einweihung der Straßenbrücke über die Süderelbe nach Harburg.
	2. Okt.: Eröffnung der ersten Öffentlichen Bücherhalle.
1903	7. Juni: Einweihung des Dammtorbahnhofs.
1906	2. Juni: Das Bismarck-Denkmal des Bildhauers Hugo Lederer wird enthüllt.
	3. Juli: Durch ein Feuer, das bei Lötarbeiten entsteht, wird der Michel völlig zerstört.
	5. Dez.: Einweihung des Hauptbahnhofs.
1907	Aug.: Die von Albert Ballin konzipierte Auswandererstadt auf der Veddel wird eröffnet.
	7. Dez.: Carl Hagenbecks Tierpark in Stellingen wird eröffnet. Seine gitterlose Tierhaltung macht weltweit Schule.
1908	4. Juni: Eröffnung der Musikhalle, die nach ihren Stiftern, dem Reederehepaar Carl Heinrich und Sophie Christine Laeisz, Laeiszhalle genannt wird.
1909	Fertigstellung der St.-Pauli-Landungsbrücken.
1911	7. Nov.: Fertigstellung des Elbtunnels.
1912	29. Juni: Fertigstellung der Ringbahnstrecke der Hamburger Hochbahn.
1914	4. Aug.: Große Teile der Hamburger Bevölkerung bejubeln den Kriegsausbruch.
1916	18. Aug.: An der ersten (illegalen) Friedensdemonstration beteiligen sich 2000 Menschen.
1916/17	»Steckrübenwinter«. Die Hamburger Bevölkerung hungert. Es kommt zu Unruhen und Plünderungen.
1917	Nov.: Nach dem Aufstand der Kieler Matrosen greift die Novemberrevolution auch auf Hamburg über. Ein Arbeiter- und Soldatenrat übernimmt kurzzeitig die Macht.
1918	11. Nov.: Kriegsende.
1919	16. März: Bei der Bürgerschaftswahl gewinnt die SPD die absolute Mehrheit.
	10. Mai: Eröffnung der Hamburger Universität.
1920	20. Dez.: Die Bürgerschaft nimmt Hamburgs neue demokratische Verfassung an.
1922	13. Aug.: Der Neubau des Museums für Hamburgische Geschichte wird eröffnet.
1923	23. bis 25. Aug.: Der kommunistische »Hamburger Aufstand« wird niedergeschlagen.
1924	1. April: Das von dem Architekten Fritz Höger entworfene Chilehaus wird eingeweiht. Aufgrund seiner an einen Schiffsbug erinnernden Bauform gilt es als Hamburger Wahrzeichen.

1926	28. *Febr.*: Der NSDAP-Chef Adolf Hitler hält in Hamburg erstmals eine Rede.
1931	2. *Aug.*: Ohne Festakt wird das von Ernst Barlach gestaltete Denkmal für die Opfer des Ersten Weltkriegs am Treppenbassin der Kleinen Alster eingeweiht. Der politischen Rechten ist es zu unheroisch.
1932	17. *Juli*: »Blutiger Sonntag« in Altona: Bei einem SA-Propagandamarsch durch Arbeiterviertel werden 18 Menschen getötet und mehr als 60 verletzt.
1933	3. *März*: Die SPD-Senatoren treten zurück.

5. *März*: Bei der Reichstagswahl erreicht die NSDAP in Hamburg 38,8%. SA und SS besetzen das Rathaus.

8. *März*: Die Bürgerschaft wählt einen neuen Senat, der von der NSDAP dominiert wird. Neuer Bürgermeister wird Carl Vincent Krogmann.

1. *April*: Wie überall in Deutschland werden auch in Hamburg jüdische Geschäfte boykottiert und deren Besitzer drangsaliert.

| 1934 | 17. *April*: Hitler besucht Hamburg. |
| 1937 | 1. *April*: Das »Groß-Hamburg-Gesetz« tritt in Kraft. Damit werden Altona, Harburg-Wilhelmsburg, Wandsbek und zahlreiche weitere Gemeinden der benachbarten Kreise nach Hamburg eingemeindet. Die Bevölkerung wächst um 41% von 1,19 auf 1,68 Millionen. |

10. *Juni*: Karl Kaufmann, Hamburgs Reichsstatthalter, veröffentlicht Pläne für den Ausbau der Hansestadt. Zu den »Bauten des Führers« sollen u. a. eine gigantische Elbbrücke, ein Gauhochhaus der NSDAP, eine Halle für 50 000 und ein Aufmarschplatz für 100 000 Menschen gehören.

| 1938 | In Neuengamme wird ein Konzentrationslager eingerichtet. Es ist zunächst ein Außenlager des KZ Sachsenhausen. 55 000 Menschen aus vielen Ländern kamen hier vor allem aufgrund der unmenschlichen Arbeits- und Lebensbedingungen um. |

9. *Nov.*: Wie im gesamten Reichsbetrieb gehen auch in Hamburg in dieser Nacht zahlreiche jüdische Geschäfte und Gotteshäuser in Flammen auf. Zerstört wird u. a. auch die Synagoge am Bornplatz.

| 1939 | Jüdische Geschäfte werden systematisch »arisiert«, oft bereichern sich ehemalige Konkurrenten an jüdischem Eigentum. |

1. *Sept.*: Überfall auf Polen. Beginn des II. Weltkriegs.

| 1941 | *Juli*: Mit einer aufwändigen Aktion wird die Binnenalster »getarnt«. Doch die britischen Flieger lassen sich nicht irreführen. Londoner Zeitungen decken die Aktion mit Beweisfotos auf. |
| 1942 | 26. *März*: Ab jetzt müssen Juden einen Stern tragen. Die in Hamburg verbliebenen Menschen jüdischer Herkunft werden in »Judenhäusern« zusammengepfercht. |

151

1943	Juli: Die britische und amerikanische Luftwaffe zerstört im Rahmen ihrer Operation Gomorrha große Teile der Stadt. Erstmals entsteht dabei das Phänomen eines Feuersturms.
1945	21. April: SS-Leute ermorden in der Schule am Bullenhuser Damm 20 jüdische Kinder, zwei Pfleger, zwei Ärzte und 24 sowjetische Kriegsgefangene.
	3. Mai: Alwin Wolz, der Kampfkommandant von Hamburg, übergibt dem britischen Brigadegeneral Douglas Spurling die Stadt. Für Hamburg ist der II. Weltkrieg vorbei.
1946	22. Nov.: Max Brauer (SPD) wird erster gewählter Nachkriegsbürgermeister.
1947	21. Nov.: Wolfgang Borcherts Drama »Draußen vor der Tür« hat an den Kammerspielen Uraufführung.
1949	18. Mai: Die Bürgerschaft billigt das Grundgesetz. Hamburg wird Bundesland.
1950	April: Die ersten beiden der insgesamt 12 Grindelhochhäuser sind fertiggestellt.
1952	8. Okt.: »Der Spiegel« erscheint von jetzt an in Hamburg.
1953	Sept.: Baubeginn für die Ost-West-Straße. Die sechsspurige Verkehrsader trennt die Innenstadt vom Hafen.
1955	15. Okt.: Der Neubau der Hamburgischen Staatsoper wird am Dammtor eingeweiht.
1962	16./17. Febr.: Eine Flutkatastrophe sucht die Stadt heim. Sie fordert 317 Todesopfer.
	13. April: In der Großen Freiheit wird der »Star-Club« eröffnet. Von hier aus starten die Beatles ihre Weltkarriere.
	Okt.: Spiegel-Affäre.
1965	28. Mai: Queen Elizabeth II. besucht Hamburg. Bürgermeister Paul Nevermann muss aufgrund von offenkundig gewordenen Eheproblemen zurücktreten.
1967	3. Juni: Beim Besuch des persischen Schahs kommt es zu gewaltsamen Auseinandersetzungen zwischen Demonstranten und der Polizei.
1972	19. Mai: Die RAF zündet im Verlagshaus Axel Springer zwei Bomben. Dabei werden 17 Menschen verletzt.
1967	25. Nov.: Es ist der erste von vier autofreien Sonntagen während der Ölkrise.
1974	20. Sept.: Einweihung der Köhlbrandbrücke.
1975	10. Jan.: Einweihung des neuen Elbtunnels.
1976	3. Jan.: Höchste Sturmflut seit Beginn der Wetteraufzeichnungen. Diesmal halten die Deiche den Wassermassen stand.
1986	18. April: Mit der Premiere von »Cats« am Operettenhaus beginnt der Hamburger Musical-Boom.
1987	19. Nov.: Der Konflikt um die besetzten Häuser der Hafenstraße wird beigelegt.

16. *Dez.*: Hamburg und Dresden gehen eine deutsch-deutsche Städtepartnerschaft ein.

1989   *Mai*: Hamburg feiert den 800. Geburtstag seines Hafens.

9. *Nov.*: Nach Öffnung der Grenze kommen tausende DDR-Bürger – oft mit ihren Trabis – nach Hamburg.

1990   3. *Nov.*: Mit einem großen Volksfest auf dem Rathausmarkt feiert Hamburg die Wiedervereinigung Deutschlands.

1992   4. *April*: Die Synode der Nordelbischen Kirche wählt Maria Jepsen zur weltweit ersten evangelisch-lutherischen Bischöfin.

1995   7. *Jan.*: Nach 1150 Jahren wird Hamburg wieder zum Erzbistum.

1997   23. *Febr.*: Die Kunsthalle eröffnet ihre Galerie der Gegenwart. Mit dem von Oswald Matthias Ungers entworfenen Kubus verfügt Hamburg nun über ein Haus für die Gegenwartskunst.

13. *Dez.*: Mit Festveranstaltungen im Rathaus und im Thalia Theater feiert Hamburg Heinrich Heines 200. Geburtstag.

2001   31. *Okt.*: Mit Ole von Beust wird seit 1957 erstmals wieder ein CDU-Politiker zum Bürgermeister gewählt.

2003   19. *Aug.*: Bürgermeister Ole von Beust entlässt seinen Innensenator, den Rechtspopulisten Ronald Schill, da dieser »charakterlich nicht geeignet« sei.

2004   29. *Febr.*: Geführt von Bürgermeister Ole von Beust erzielt die CDU mit 47,2% der Stimmen das beste Wahlergebnis ihrer Geschichte. Die SPD kommt auf 30,5%, die GAL auf 12,3%. Schills Partei verfehlt den erneuten Einzug in die Bürgerschaft.

2005   27. *Aug.*: Mehr als 150 000 Menschen feiern auf dem Airbus-Familientag den ersten Hamburg-Besuch des neuen Airbus A 380.

2007   2. *April*: Grundsteinlegung für die Elbphilharmonie. Die Konzerthalle, die ab jetzt nach Plänen der Schweizer Architekten Herzog / de Meuron auf dem denkmalgeschützten Kaispeicher A errichtet wird, soll 241 Mio. Euro kosten und Hamburgs neues Wahrzeichen werden.

2008   24. *Febr.*: Bei der Bürgerschaftswahl kommt die CDU nur noch auf 42,6% der Stimmen und verliert damit die absolute Mehrheit. Sie schließt mit der GAL, die 9,6% erreicht, die erste schwarz-grüne Koalition auf Länderebene. Die SPD erreicht 34,1%. Die Linke erhält 6,4%, während die FDP mit 4,8% der Stimmen erneut nicht in die Bürgerschaft einziehen kann.

2009   22. *Aug.*: Etwa 200 junge Künstler besetzen symbolisch das letzte Hamburger Gängeviertel, dessen historische Bausubstanz gefährdet ist, weil ein niederländischer Investor hier eine Luxussanierung plant. Dank des öffentlichen Drucks erwirbt die Stadt das Quartier schließlich zurück und einigt sich mit den Künstlern auf ein Konzept, das die Erhaltung der geschichtsträchtigen Häuser sowie eine Nutzung für kulturelle und soziale Zwecke vorsieht.

2010 18. Juli: Als sich bei einem Volksentscheid abzeichnet, dass die von den im Senat vertretenen Parteien befürwortete Schulreform keine Mehrheit findet, kündigt Hamburgs Erster Bürgermeister Ole von Beust (CDU) überraschend seinen Rücktritt zum 25. August an. Nachfolger wird der bisherige Innensenator Christoph Ahlhaus (CDU).

28. Nov.: Die GAL kündigen das Bündnis mit der CDU auf. Damit ist die erste schwarz-grüne Koalition auf Länderebene gescheitert.

2011 20. Febr.: Bei der vorgezogenen Bürgerschaftswahl erhalten die SPD 48,3, die CDU 21,9, die Grünen (GAL) 11,2, die FDP 6,6 und die Linke 6,4% der Stimmen, die erstmals nach einem neuen, sehr komplizierten Wahlrecht vergeben werden. Neuer Erster Bürgermeister wird der Sozialdemokrat Olaf Scholz.

2012 5. Juli: Der Tierpark Hagenbeck eröffnet das neue Eismeer-Panorama. In den ersten 100 Tagen kommen 550 000 Besucher.

15. August: Mehr als 200 deutsche Olympia-Athleten werden nach ihrer Rückkehr aus London von 20 000 Fans in Hamburg begeistert empfangen. Die Sportler legen mit der zum Olympia-Schiff erklärten »MS Deutschland« in der Hafencity an.

13. November: Als erstes Bundesland unterzeichnet Hamburg mit Muslimen Verträge, die Rechte und Pflichten für beide Seiten juristisch regeln. In den Vereinbarungen geht es u. a. um die Gleichstellung der Geschlechter, um Feiertagsregelungen sowie das Bekenntnis zum Grundgesetz.

2013 26. April: Bundespräsident Joachim Gauck eröffnet die Internationale Gartenschau (igs) auf der Elbinsel Wilhelmsburg. Da die bis Oktober geöffnete erste derartige Ausstellung in Hamburg seit 40 Jahren statt der geplanten fünf nur 1,05 Millionen Besucher anlockt, entsteht ein Defizit von 37 Millionen Euro.

19. Juni: Die Bürgerschaft entscheidet sich für die zwischen der Stadt und dem Konzern Hochtief ausgehandelte Neuordnung der Elbphilharmonie. Damit wird der lange verzögerte Weiterbau des Konzerthauses endlich möglich, allerdings mit erheblichen Mehrkosten. Nun soll das Projekt, das ganz am Anfang mit 77 Millionen Euro veranschlagt war, den Steuerzahler insgesamt 789 Millionen Euro kosten.

2014 12. Februar: Der lange Zeit umstrittene Abriss der »Esso-Häuser« auf St. Pauli beginnt. Im Dezember 2013 waren die rund 50 Jahre alten an der Reeperbahn gelegenen Häuser aufgrund statischer Probleme zwangsgeräumt worden – 86 Mietparteien waren betroffen.

30. Juni: Der schwedische Möbelkonzern Ikea eröffnet erstmals in Deutschland eine zu Fuß erreichbare Innenstadt-Filiale. Sie

befindet sich in Altona an der Fußgängerzone Große Bergstraße.

7. Oktober: Siegfried Lenz stirbt in Hamburg im Alter von 88 Jahren. Der Autor der »Deutschstunde« war Ehrenbürger der Hansestadt.

2015   *27. Februar:* Bei der Bürgerschaftswahl verliert die SPD unter Bürgermeister Olaf Scholz ihre absolute Mehrheit und geht daher eine Koalition mit den Grünen ein. Die CDU verliert erneut und erreicht mit nur noch 15,9 Prozent das schlechteste Hamburger Wahlergebnis ihrer Geschichte.

Erste Bürgermeister der Freien und Hansestadt Hamburg seit 1946

Max Brauer, SPD:	22. November 1946–2. Dezember 1953
Kurt Sieveking, CDU:	2. Dezember 1953–4. Dezember 1957
Max Brauer, SPD:	4. Dezember 1957–31. Dezember 1960
Paul Nevermann, SPD:	1. Januar 1961–9. Juni 1965
Herbert Weichmann, SPD:	9. Juni 1965–9. Juni 1971
Peter Schulz, SPD:	9. Juni 1971–4. November 1974
Hans-Ulrich Klose, SPD:	12. November 1974–22. Mai 1981
Klaus von Dohnanyi, SPD:	24. Juni 1981–8. Juni 1988
Henning Voscherau, SPD:	8. Juni 1988–8. Oktober 1997
Ortwin Runde, SPD:	12. November 1997–31. Oktober 2001
Ole von Beust, CDU:	31. Oktober 2001–25. August 2010
Christoph Ahlhaus, CDU:	25. August 2010–7. März 2011
Olaf Scholz, SPD:	seit 7. März 2011

Literatur

Bahnsen, Uwe: Hanseaten unter Hakenkreuz. Kiel/Hamburg 2015

Bast, Eva-Maria und Kummereincke, Sven: Hamburger Geheimnisse. Hamburg 2014

Beneke, Otto: Hamburgische Geschichten und Denkwürdigkeiten. Berlin 1886

Bracker, Jörgen: Hamburg von den Anfängen bis zur Gegenwart. Wendemarken einer Stadtgeschichte. Hamburg 1987

Ders. (Hrsg): Die Hanse. Lebenswirklichkeit und Mythos. 2 Bde. (Ausstellungskatalog) Hamburg 1989

Bredel, Willi: Unter Türmen und Masten. Geschichte Hamburgs in Geschichten. Berlin und Weimar 1977

Brenken, Anna und Kossak, Egbert: Hamburg – Metropole an Alster und Elbe. Hamburg 2001

Brunswig, Hans: Feuersturm über Hamburg. Die Luftangriffe auf Hamburg im Zweiten Weltkrieg und ihre Folgen. Stuttgart 1978

Büttner, Ursula und Jochmann, Werner: Hamburg auf dem Weg ins Dritte Reich. Entwicklungsjahre 1931–1933. Hamburg 1983

Büttner, Ursula: Gomorrha: Hamburg im Bombenkrieg; die Wirkung der Luftangriffe auf Bevölkerung und Wirtschaft. Hamburg 2003

Czech, Hans-Jörg, Hirsch, Vanessa und Kopitzsch, Franklin (Hrsg.): Altona: Von der Verleihung der Stadtrechte bis zur Neuen Mitte. Dresden 2015

Das Jüdische Hamburg – ein historisches Nachschlagewerk. Hrsg. vom Institut für die Geschichte der deutschen Juden. Göttingen 2006

Dehio, Georg: Handbuch der Deutschen Kunstdenkmäler Hamburg Schleswig-Holstein. München 1994

Ellermeyer, Jürgen; Richter, Klaus und Stegmann, Dirk: Hamburg. Von der Burg zur Industriestadt. Hamburg 1988

Evans, Richard J.: Tod in Hamburg. Stadt, Gesellschaft und Politik in den Cholera-Jahren 1830–1910. Reinbek 1990

Gretzschel, Matthias: St. Michaelis – Der Hamburger Michel. Hamburg 1996

Ders.: Hamburgs Alster. Hamburg 1997

Ders.: Hamburgs Bücherhallen – Eine Jahrhundertgeschichte. Hamburg 1999

Ders.: Kirchen in Hamburg. Geschichte, Architektur, Angebote. Hamburg 2000

Ders.: Hamburgs verborgene Geschichte – Das Gruftgewölbe unter dem Michel. Hamburg 2005

Gretzschel, Matthias, Kummenreincke Sven: Hamburger Zeitreise. Hamburg 2013

Grobecker Kurt und Loose Hans-Dieter: … mehr als ein Haufen Steine. Hamburg 1945–1949. Hamburg 1980

Groppe, Hans-Hermann und Wöst, Ursula: Über Hamburg in die Welt. Von den Auswandererhallen zur BallinStadt. Hamburg 2007

Grunert, Heino: Betreten erwünscht. Hundert Jahre Hamburger Stadtpark. Hamburg 2014 Hamburg im »Dritten Reich«. Hrsg. von der Forschungsstelle für Zeitgeschichte in Hamburg. Göttingen 2005

Harbeck, Hans: Was nicht im Baedeker steht – Hamburg. München 1930

Hinrichsen, Torkild: Auf dänischen Spuren in der alten Stadt Altona. Husum 2014

Hipp, Hermann: Freie und Hansestadt Hamburg. Geschichte, Kultur und Stadtbaukunst an Elbe und Alster. Köln 1990

Horbas, Claudia und Pelc, Ortwin (Hrsg.): Es brannte an allen Ecken und Enden zugleich. (Ausstellungskatalog) Hamburg 2004

Horbas, Claudia (Hrsg.): Gartenlust und Blumenliebe. Hamburgs Gartenkultur vom
   Barock bis ins 20. Jahrhundert. (Ausstellungskatalog) Hamburg 2006
Jochmann, Werner und Loose, Hans-Dieter (Hrsg.): Hamburg – Geschichte der Stadt
   und ihrer Bewohner. 2 Bde. Hamburg 1982 und 1986.
Klessmann, Eckart: Geschichte der Stadt Hamburg. Hamburg 1981
Kopitzsch, Franklin und Tilgner, Daniel (Hrsg.): Hamburg-Lexikon. Hamburg 1998
Kopitzsch, Franklin und Brietzke, Dirk (Hrsg.): Hamburgische Biografie – Personen-
   lexikon. 3 Bde. Hamburg 2001, 2003, 2006
Kossack, Egbert: 1100 Jahre Stadtbild Hamburg. Mythos, Wirklichkeit, Visionen.
   Hamburg 2012
Kucklick, Christoph: Feuersturm – Bombenkrieg gegen Deutschland. Hamburg
   2003
Pelc, Ortwin (Hrsg.): Hamburg. Die Stadt im 20. Jahrhundert. Hamburg 2002
Ders. (Hrsg.): Kriegsende in Hamburg. Eine Stadt erinnert sich. Hamburg 2003
Plagemann, Volker: Kunstgeschichte der Stadt Hamburg. Hamburg 1995
Ders.: Versunkene Kunstgeschichte. Die Kirchen und Künstler des Mittelalters in
   Hamburg. Hamburg 1999
Postel, Rainer: Die Reformation in Hamburg. Gütersloh 1986
Schumacher, Fritz: Das Werden einer Wohnstadt. Bilder vom neuen Hamburg.
   Hamburg 1932 (Reprint 1984)
von Schade, Herwart: Zur Eintracht und Wohlfahrt dieser guten Stadt – 475 Jahre
   Kollegium der Oberalten. Hamburg 2003
Schütt, Ernst Christian (Hrsg.): Chronik Hamburgs. Gütersloh–München 1997
Studt, Bernhardt und Olsen, Hans: Hamburg. Eine kurzgefaßte Geschichte der Stadt.
   Hamburg 1964
Verg, Erik: Das Abenteuer, das Hamburg heißt. Hamburg 1990
Weiss, Rainer-Maria, Klamm, Anne: Mythos Hammaburg. Kiel 2014

Register

Ortsregister (allgemein)

Personenregister

*(Bei den Jahreszahlen in Klammern handelt es
sich um die Regierungsdaten)*

Internetadressen

Stadt allgemein

www.hamburg.de (Offizielles Portal der Hansestadt Hamburg. Hier ist auch die
Homepage des Staatsarchivs verlinkt)
www.politische-bildung.hamburg.de (Landeszentrale für Politische Bildung in
Hamburg)

Museen:
www.hamburgmuseum.de
www.altonaermuseum.de
www.helmsmuseum.de
www.museum-der-arbeit.de
www.speicherstadtmuseum.de
www.ballinstadt.de
www.internationales-maritimes-museum.de

Bibliotheken

www.sub.uni-hamburg.de (Staats- und Universitätsbibliothek)
www.buecherhallen.de (Hamburger Bücherhallen)
www.nekb.de (Nordelbische Kirchenbibliothek)
www.hk24.de (Handelskammer Hamburg. Hier ist auch die Commerz-
bibliothek verlinkt)
www.architekturarchiv-web.de (Hamburgisches Architekturarchiv)

Weiteres

www.uni-hamburg.de (Universität Hamburg)
www.vfhg.de (Verein für Hamburgische Geschichte)
www.denkmalverein.de (Denkmalverein Hamburg)
www.patriotische-gesellschaft.de (Patriotische Gesellschaft von 1765)
www.hamburg-tourismus.de (Hamburg Tourismus GmbH)
www.twietenkieker.de (Stadtrundgänge)
www.fg-hamburg.de (Stadtrundgänge)
www.spurensuche-hamburg.de (Stadtrundgänge)
www.hurentour.de (Historische Hurentour St. Pauli)

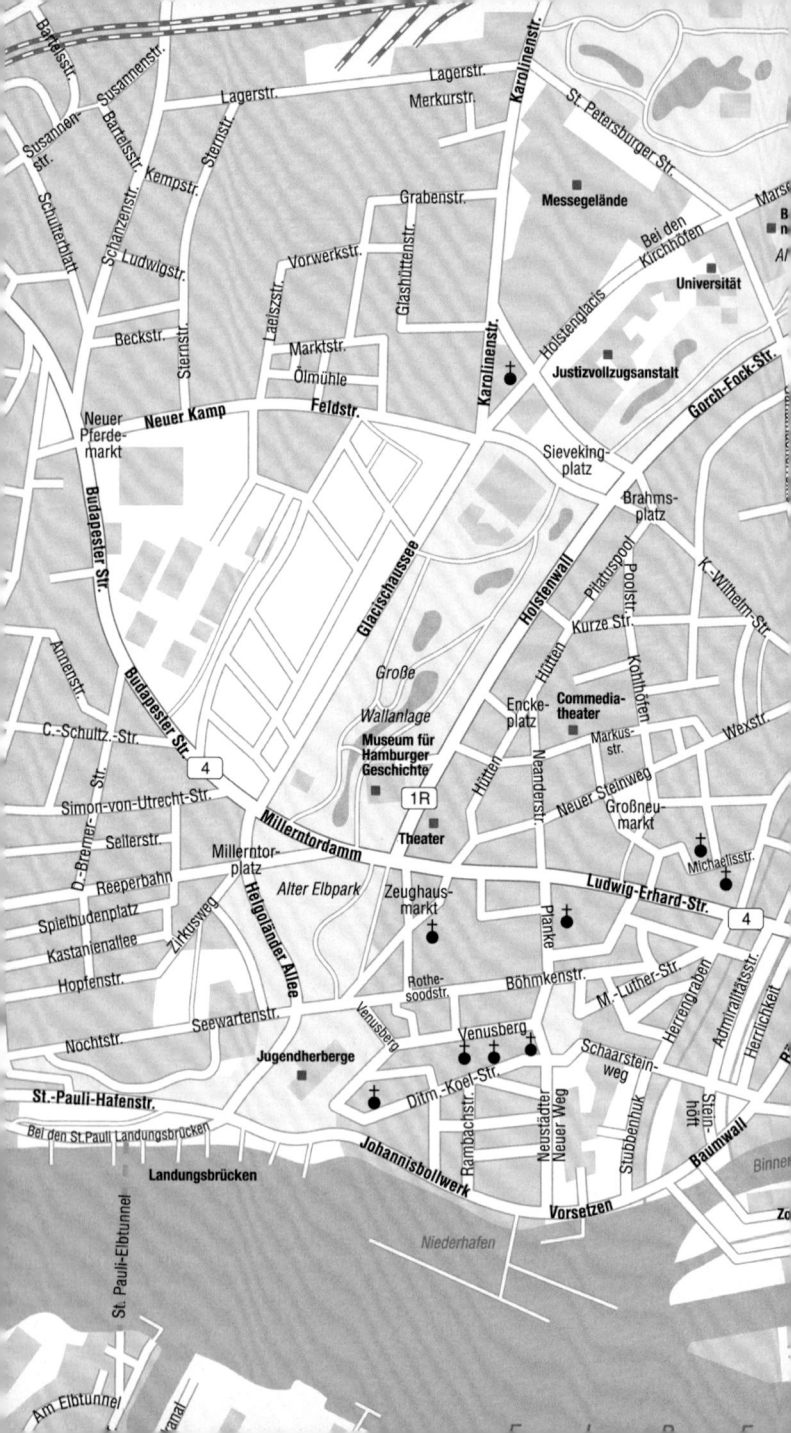

Bildnachweis